सैन समाज का गौरवशाली इतिहास

भारतीय सभ्यता में सैन समाज की सामाजिक, सांस्कृतिक एवं ऐतिहासिक भूमिका

लेखक / Writer

आनन्द कुमार आशोधिया

Anand Kumar Ashodhiya

(कवि, लोक संस्कृति संरक्षक, साहित्यिक विश्लेषक)

प्रकाशक / Publisher

स्वप्रकाशित – आनन्द कुमार आशोधिया

Self-published by Anand Kumar Ashodhiya

स्थान: शाहपुर तुर्क, हरियाणा

प्रथम 2026

सैन समाज का गौरवशाली इतिहास

भारतीय सभ्यता में सैन समाज की सामाजिक, सांस्कृतिक एवं ऐतिहासिक भूमिका

लेखक, कवि एवं संकलक

आनन्द कुमार आशोधिया
(पूर्व वारंट ऑफिसर, भारतीय वायु सेना)

प्रकाशक / Publisher

आनन्द कुमार आशोधिया
स्वप्रकाशित
Self-published by Anand Kumar Ashodhiya

पुस्तक विवरण / Book Details

- **पुस्तक का नाम/Title:** *सैन समाज का गौरवशाली इतिहास*
- **विधा/Genre:** सामाजिक-ऐतिहासिक अध्ययन
- **ISBN:** 978-93-5655-031-5
- **प्रकाशन वर्ष:** 2026

- **स्थान/Place of Publication:** *शाहपुर तुर्क, सोनीपत, हरियाणा*

कॉपीराइट (COPYRIGHT & IMPRINT)

सैन समाज का गौरवशाली इतिहास

पुस्तक विवरण / Book Details

- **शीर्षक:** सैन समाज का गौरवशाली इतिहास
- (Sain Samaj ka Gauravshali Itihas)
- **लेखक / Writer:** Anand Kumar Ashodhiya (आनन्द कुमार आशोधिया)
- **प्रकाशक / Publisher:** स्व-प्रकाशित
- **प्रकाशन वर्ष:** प्रथम संस्करण, 2026
- **स्थान:** शाहपुर तुर्क, सोनीपत, हरियाणा
- **ISBN: 978-93-5655-031-5**

डिस्क्लेमर / Disclaimer

इस ग्रंथ की रचना में **अकादमिक संयम, ऐतिहासिक विवेक और सांस्कृतिक संवेदना**—इन तीनों को समान महत्व दिया गया है।

जहाँ प्रत्यक्ष ऐतिहासिक प्रमाण उपलब्ध हैं, वहाँ उन्हें प्राथमिक आधार बनाया गया है; और जहाँ लोककथा, मौखिक परंपरा अथवा सामूहिक आस्था उपस्थित है, वहाँ उसे स्पष्ट रूप से उसी स्वरूप में प्रस्तुत किया गया है—**बिना अतिरंजन और बिना उपेक्षा के**।

यह पुस्तक केवल शोधार्थियों और विद्यार्थियों के लिए ही नहीं, बल्कि उस प्रत्येक पाठक के लिए है जो अपने समाज को इतिहास के आईने में देखना चाहता है—**सम्मान, आत्मबोध और संतुलन के साथ**।

अनुक्रमणिका / Table of Contents (TOC)

समर्पण (Dedication)

यह ग्रंथ सादर समर्पित है
मेरे सांस्कृतिक गुरु
स्वर्गीय श्री पाले राम दहिया
(हलालपुर, सोनीपत, हरियाणा)

जिनका जीवन और कृतित्व **सम्पूर्ण सैन समाज के लिए गौरव, आत्मविश्वास और सांस्कृतिक प्रतिष्ठा का प्रतीक** है।

स्वर्गीय पाले राम दहिया का व्यक्तित्व केवल एक विख्यात हरियाणवी रागनी गायक तक सीमित नहीं था। वे उस ग्रामीण, श्रमशील और परंपरा-निष्ठ **सैन समाज** की जीवंत अभिव्यक्ति थे, जिसने सीमित साधनों, सामाजिक उपेक्षा और क्षेत्रीय सीमाओं के बावजूद भारतीय लोक-संस्कृति के राष्ट्रीय मंच पर अपनी सशक्त उपस्थिति दर्ज कराई। एक साधारण ग्रामीण सैन परिवार से उठकर उत्तर भारत के लोक-सांस्कृतिक क्षितिज पर उनका स्थापित होना, सैन समाज की सामूहिक सामर्थ्य, प्रतिभा और सांस्कृतिक चेतना का प्रत्यक्ष प्रमाण है।

हरियाणा, राजस्थान, दिल्ली, पंजाब, उत्तर प्रदेश और हिमाचल प्रदेश में उनकी रागनियाँ केवल सुनी नहीं गईं—वे जन-जीवन का हिस्सा बनीं। उनकी आवाज़ में लोककथा थी, सामाजिक विवेक था, जीवन का हास्य-विषाद था और सबसे बढ़कर वह आत्मीयता थी, जिसने उन्हें जनमानस का कलाकार बनाया। इसी व्यापक स्वीकार्यता और लोक-मान्यता के कारण वे अपने जीवन काल में ही **"उत्तर भारत के सैन शिरोमणि गायक"** के रूप में सम्मानित और स्मरणीय हुए।

पाले राम दहिया जी का योगदान केवल गायन तक सीमित नहीं रहा। वे सैन समाज के भीतर **सामाजिक संपर्क, पारस्परिक भाईचारे और सांस्कृतिक आत्मगौरव** के सेतु के रूप में भी प्रतिष्ठित रहे। उनकी लोकप्रियता ने यह स्थापित किया कि लोक-संस्कृति के क्षेत्र में सैन समाज केवल परंपरा का वाहक ही नहीं, बल्कि नव सृजन और नेतृत्व की क्षमता रखने वाला समाज भी है।

उनका जीवन इस तथ्य का सजीव उदाहरण है कि जब प्रतिभा, परिश्रम और सांस्कृतिक चेतना एक साथ आती हैं, तो सामाजिक सीमाएँ स्वतः टूट जाती हैं। सैन समाज के लिए पाले राम दहिया केवल एक कलाकार नहीं, बल्कि **सामूहिक पहचान का उज्ज्वल प्रतीक** हैं—ऐसा प्रतीक, जिस पर पीढ़ियाँ गर्व कर सकती हैं।

यह ग्रंथ, जो सैन समाज की ऐतिहासिक, सामाजिक और सांस्कृतिक यात्रा का दस्तावेज़ है, उसी परंपरा के एक महान लोक-नायक को नमन करते हुए, उनके स्मरण को समर्पित किया जाता है—**श्रद्धा के साथ, कृतज्ञता के साथ और समाज के स्थायी गौरव के रूप में।**

आमुख (Foreword)

भारतीय समाज का इतिहास केवल राजवंशों, युद्धों और शासकीय तिथियों का संकलन नहीं है; बल्कि यह उन असंख्य समुदायों की सामूहिक स्मृति भी है, जिन्होंने सभ्यता के दैनिक जीवन को निरंतर संभव बनाए रखा। दुर्भाग्यवश, इतिहास-लेखन की प्रचलित परंपराओं में ऐसे सेवा-आधारित समाज प्रायः हाशिये पर रहे हैं, जबकि उनका योगदान सामाजिक संरचना, सांस्कृतिक निरंतरता और लोकजीवन की स्थिरता में अत्यंत महत्त्वपूर्ण रहा है। प्रस्तुत ग्रंथ इसी ऐतिहासिक अभाव की पूर्ति करने का एक गंभीर और सराहनीय प्रयास है।

यह पुस्तक सैन समाज के इतिहास को किसी एक कालखंड या पेशागत परिचय तक सीमित नहीं करती, बल्कि उसे एक दीर्घ सभ्यतागत यात्रा के रूप में प्रस्तुत करती है- जहाँ शस्त्र, शल्य, शुद्धि, सेवा, संवाद और साधना परस्पर जुड़ते हुए दिखाई देते हैं। लेखक ने यह स्पष्ट किया है कि यह समाज केवल व्यक्तिगत सेवाओं तक सीमित नहीं रहा, बल्कि ग्राम-व्यवस्था, राजकीय तंत्र, सांस्कृतिक परंपराओं और धार्मिक चेतना का एक आवश्यक स्तंभ रहा है।

इस ग्रंथ की विशेषता यह है कि यह लोकस्मृति और अकादमिक विवेक- दोनों के बीच संतुलन बनाए रखता है। जहाँ लिखित स्रोत उपलब्ध नहीं हैं, वहाँ लेखक मौखिक परंपराओं, समुदायगत स्मृतियों और सांस्कृतिक संकेतों को सावधानीपूर्वक, आलोचनात्मक दृष्टि के साथ प्रस्तुत करता है। इससे पाठक को यह स्पष्ट बोध होता है कि कौन-सा कथ्य ऐतिहासिक प्रमाण पर आधारित है और कौन-सा सांस्कृतिक आस्था या लोकविश्वास

का हिस्सा है। यह विवेकपूर्ण भेद इस पुस्तक को न तो केवल भावात्मक आख्यान बनने देता है, न ही शुष्क अकादमिक ग्रंथ।

विशेष रूप से संत शिरोमणि सेन जी महाराज, भाई साहिब सिंह, नारायणी माता की लोक-परंपरा, तथा मध्यकाल से आधुनिक काल तक समाज की सामाजिक-राजनीतिक उपस्थिति पर लिखे गए अध्याय इस बात का प्रमाण हैं कि लेखक ने इतिहास को केवल 'घटना' नहीं, बल्कि 'अनुभव' के रूप में समझाने का प्रयास किया है। यह दृष्टि आधुनिक सामाजिक इतिहास-लेखन के अनुरूप है, जहाँ समुदाय स्वयं इतिहास का विषय नहीं, बल्कि इतिहास का कर्ता भी होता है।

मेरे विचार में यह ग्रन्थ केवल सैन समाज के लिए आत्मगौरव का स्रोत नहीं है, बल्कि भारतीय सामाजिक इतिहास के अध्येताओं के लिए भी एक उपयोगी संदर्भ-ग्रंथ सिद्ध हो सकता है। यह पुस्तक आने वाले समय में अन्य सेवा-आधारित समुदायों के इतिहास-लेखन के लिए भी एक पद्धतिगत उदाहरण प्रस्तुत करती है।

मैं आशा करता हूँ कि यह ग्रंथ पाठकों को केवल अतीत से परिचित ही नहीं कराएगा, बल्कि भारतीय समाज को देखने की उनकी दृष्टि को भी अधिक व्यापक, समावेशी और संवेदनशील बनाएगा।

रामबीर सिंह (**इतिहास अध्येता**)
प्रिंसिपल, ब्रह्मशक्ति सी. से. स्कूल, थाना कलां खरखौदा,
सोनीपत, पिन कोड-131402

भूमिका (Preface)

इतिहास के हाशिए से सामाजिक स्मृति के केंद्र तक

इतिहास केवल राजाओं, युद्धों और साम्राज्यों का क्रमबद्ध विवरण नहीं होता। वह उन असंख्य सामाजिक समूहों की मौन स्मृतियों का भी संकलन होता है, जिनकी उपस्थिति सत्ता के केंद्र में न होकर भी सभ्यता के आधार में निहित रही है। भारतीय सामाजिक इतिहास का एक बड़ा भाग ऐसे ही समुदायों से निर्मित है, जिनकी भूमिका अनिवार्य, निरंतर और बहुआयामी रही, किंतु जिनका उल्लेख या तो बिखरा हुआ है अथवा कालांतर में विस्मृत होता चला गया।

सैन समाज भी ऐसा ही एक समुदाय है।

यह समाज केवल एक पेशागत पहचान तक सीमित नहीं रहा। प्राचीन काल से लेकर आधुनिक भारत तक, इस समाज ने न्याय, शुद्धि, संवाद, चिकित्सा, प्रशासन, युद्ध-रणनीति, धार्मिक चेतना और सामाजिक संतुलन — इन सभी क्षेत्रों में अपनी विशिष्ट भूमिका निभाई है। ग्राम्य भारत की पंचायतों से लेकर राज दरबारों तक, और संत-परंपरा से लेकर आधुनिक लोकतांत्रिक ढांचे तक, सैन समाज की उपस्थिति किसी एक युग या कार्यक्षेत्र में सीमित नहीं रही।

इस ग्रंथ का उद्देश्य न तो किसी समुदाय का महिमा मंडन करना है और न ही किसी ऐतिहासिक दावे को बिना विवेक के स्थापित करना। इसका लक्ष्य इससे कहीं अधिक गहन और उत्तरदायी है — **इतिहास, लोक-स्मृति, सामाजिक संरचना और**

समकालीन चेतना के बीच एक संतुलित संवाद स्थापित करना।

यह पुस्तक सैन समाज के इतिहास को केवल "कौन थे" के प्रश्न तक सीमित नहीं रखती, बल्कि "वे कैसे समाज की व्यवस्था बने", "क्यों उन पर विश्वास किया गया" और "आज उनकी चेतना किन रूपों में जीवित है" — इन प्रश्नों पर भी गंभीर विमर्श प्रस्तुत करती है।

ग्रंथ की रचना में अकादमिक संयम, ऐतिहासिक विवेक और सांस्कृतिक संवेदना — इन तीनों को समान रूप से महत्व दिया गया है। जहाँ प्रत्यक्ष ऐतिहासिक प्रमाण उपलब्ध हैं, वहाँ उन्हें आधार बनाया गया है; और जहाँ लोककथा, मौखिक परंपरा या सामूहिक आस्था उपस्थित है, वहाँ उसे स्पष्ट रूप से उसी रूप में प्रस्तुत किया गया है — बिना अतिरंजन और बिना उपेक्षा के।

यह पुस्तक न केवल शोधार्थियों और विद्यार्थियों के लिए है, बल्कि उस प्रत्येक व्यक्ति के लिए भी है जो अपने समाज को इतिहास के आईने में देखना चाहता है — सम्मान, आत्मबोध और संतुलन के साथ।

शुभकामनाओं सहित,

आपका
अशोक कुमार जाखड़ निस्वार्थी
रिटायर्ड सीआईएसएफ ढाणा
झज्जर हरियाणा124146

लेखक–निवेदन

एक सामाजिक उत्तरदायित्व के रूप में यह ग्रंथ

इस पुस्तक का लेखन किसी आकस्मिक प्रेरणा का परिणाम नहीं है। यह वर्षों से संचित उन प्रश्नों, अनुभवों और मौन असहमतियों का परिणाम है, जो सैन समाज के इतिहास को लेकर प्रायः देखी जाती रही हैं — कभी अत्यधिक सरलीकरण के रूप में, कभी उपेक्षा के रूप में, और कभी केवल पेशागत पहचान तक सीमित कर दिए जाने के रूप में।

लेखक का उद्देश्य स्वयं को इतिहास–निर्णायक के रूप में स्थापित करना नहीं है। यह ग्रंथ एक **संग्रह, पुनर्पाठ और पुनर्संयोजन** का प्रयास है — जिसमें प्राचीन ग्रंथीय संकेत, मध्यकालीन ऐतिहासिक परंपराएँ, औपनिवेशिक काल के प्रभाव, लोक–स्मृति, संत–कथा, धार्मिक़ चेतना और समकालीन सामाजिक यथार्थ — सभी को एक साथ देखा गया है।

यह स्वीकार करना आवश्यक है कि सैन समाज का इतिहास किसी एक निरंतर लिखित अभिलेख में सुरक्षित नहीं रहा। उसका बड़ा भाग लोक–स्मृति, पारिवारिक परंपरा, सामाजिक व्यवहार और धार्मिक आस्था में सुरक्षित रहा है। इसलिए इस ग्रंथ में यह सावधानी रखी गई है कि **जहाँ इतिहास है, वहाँ इतिहास बोला जाए; और जहाँ आस्था है, वहाँ उसे आस्था के रूप में ही प्रस्तुत किया जाए।**

लेखक इस बात से भी पूर्णतः सचेत है कि समाज कोई जड़ इकाई नहीं होता। वह समय, परिस्थितियों और चेतना के साथ निरंतर रूपांतरित होता रहता है। इसलिए यह पुस्तक अतीत की पुनरावृत्ति नहीं, बल्कि अतीत के आधार पर वर्तमान को समझने और भविष्य के लिए आत्मविश्वास गढ़ने का प्रयास है।

यदि यह ग्रंथ सैन समाज के किसी पाठक को अपने इतिहास के प्रति नया दृष्टिकोण देता है, यदि यह किसी युवा को आत्मगौरव के साथ आगे बढ़ने की प्रेरणा देता है, और यदि यह अकादमिक जगत में इस समाज को एक संतुलित, गंभीर और सम्मानजनक अध्ययन–विषय के रूप में स्थापित करता है — तो लेखक अपने प्रयोजन को सार्थक मानेगा।

यह पुस्तक अंतिम सत्य नहीं, बल्कि एक **संवाद का आरंभ** है।

प्रस्तावना

इतिहास, स्मृति और सैन समाज

इतिहास केवल घटनाओं का क्रम नहीं होता। वह समाज की आत्मा का वह विस्तार है, जिसमें स्मृति, अनुभव, श्रम, आस्था और व्यवहार एक-दूसरे में विलीन होकर समय के साथ आकार लेते हैं। जिन समाजों ने सत्ता को साधन नहीं, बल्कि सेवा को जीवन-पद्धति बनाया, उनका इतिहास प्रायः अभिलेखों में नहीं, बल्कि लोक जीवन की गहराइयों में सुरक्षित रहा। सैन समाज का इतिहास भी इसी प्रकृति का इतिहास है—वह इतिहास जो शिलालेखों से अधिक संस्कारों में, राजकीय दस्तावेज़ों से अधिक सामाजिक संरचनाओं में, और युद्ध-विवरणों से अधिक न्याय, संवाद और सेवा की परंपराओं में जीवित रहा है।

भारतीय सभ्यता में सेवा-आधारित समुदायों की भूमिका प्राचीन, निरंतर और अनिवार्य रही है। सैन समाज उस परंपरा का प्रतिनिधि रहा है, जिसने शस्त्र और शुद्धि, शासन और समाज, राजसत्ता और जन जीवन—इन सबके बीच एक सेतु की भूमिका निभाई। यह समाज न तो केवल पेशे से परिभाषित था, न ही किसी एक वर्णगत खांचे में सीमित किया जा सकता है। इसके सदस्य शासक के समीप भी रहे, और ग्राम-समाज के केंद्र में भी; उन्होंने सत्ता की सेवा की, किंतु सत्ता के दास नहीं बने; और उन्होंने श्रम को कभी हीन नहीं, बल्कि गरिमा का आधार माना।

फिर भी, इतिहास-लेखन की मुख्य धारा में यह समाज लंबे समय तक अनुपस्थित रहा। इसका कारण इतिहास का अभाव नहीं, बल्कि इतिहास को देखने की संकीर्ण दृष्टि रही है। जिन समाजों

का योगदान प्रत्यक्ष सत्ता, वंशावली या युद्ध-विजय के रूप में नहीं था, उन्हें इतिहास के हाशिये पर धकेल दिया गया। सेवा, संवाद और सामाजिक संतुलन जैसे तत्व—जो किसी भी सभ्यता की रीढ़ होते हैं—अक्सर "गौण" मान लिए गए। परिणामस्वरूप, सैन समाज का इतिहास बिखरा हुआ, मौन में सुरक्षित और लोक-स्मृति पर आश्रित रह गया।

यह ग्रंथ उसी मौन इतिहास को स्वर देने का प्रयास है।

इस पुस्तक का उद्देश्य सैन समाज को किसी कृत्रिम गौरव-मंडन में स्थापित करना नहीं है, न ही अतीत को वर्तमान की कसौटी पर तोड़-मरोड़ कर प्रस्तुत करना। इसका लक्ष्य अधिक विनम्र, किंतु अधिक स्थायी है—समाज की ऐतिहासिक भूमिका को उसकी वास्तविक सामाजिक संरचना, सांस्कृतिक स्मृति और सभ्यतागत योगदान के संदर्भ में समझना और समझाना। यह पुस्तक यह स्वीकार करती है कि सैन समाज का इतिहास राजकीय अभिलेखों में सीमित नहीं है; वह लोककथाओं, संत-परंपराओं, पेशागत नैतिकता, पंचायत-व्यवस्था, धार्मिक आस्थाओं और सामूहिक स्मृतियों में समान रूप से विद्यमान है।

इस संदर्भ में यह भी स्पष्ट करना आवश्यक है कि यह ग्रंथ इतिहास के "एकमात्र सत्य" का दावा नहीं करता। भारतीय समाज का इतिहास बहुवचनात्मक है—उसमें शास्त्र हैं, किंवदंतियाँ हैं, औपनिवेशिक अभिलेख हैं, और जीवित लोक-स्मृति भी है। इस पुस्तक ने इन सभी स्रोतों को उनके-अपने स्थान पर स्वीकार किया है। जहाँ प्रमाण उपलब्ध हैं, वहाँ उन्हें विवेक पूर्वक रखा गया है; और जहाँ केवल परंपरा, आस्था या मौखिक स्मृति उपलब्ध है, वहाँ उसे उसी रूप में, बिना

ऐतिहासिक आग्रह के, सांस्कृतिक सत्य के रूप में प्रस्तुत किया गया है।

संत शिरोमणि सेन जी महाराज से लेकर खालसा परंपरा के भाई साहिब सिंह तक, और ग्राम-समाज के नाई से लेकर नारायणी माता की सामूहिक धार्मिक चेतना तक—यह ग्रंथ यह दिखाने का प्रयास करता है कि सैन समाज की पहचान केवल किसी एक काल, व्यक्ति या भूमिका तक सीमित नहीं रही। यह एक सतत यात्रा रही है, जिसमें सेवा भक्ति बनी, श्रम साधना बना, और सामाजिक उत्तरदायित्व धर्म का स्वरूप ग्रहण करता गया।

यह पुस्तक उन पाठकों के लिए नहीं है जो त्वरित निष्कर्ष या संक्षिप्त उत्तर खोजते हैं। यह उनके लिए है जो इतिहास को समय की गहराई में उतरकर पढ़ना चाहते हैं; जो यह समझना चाहते हैं कि समाज कैसे बनते हैं, कैसे बदलते हैं, और कैसे स्मृति के माध्यम से स्वयं को पुनः खोजते हैं। यह ग्रंथ सैन समाज के लिए आत्म-पहचान का दर्पण है, और व्यापक भारतीय समाज के लिए यह स्मरण—कि सभ्यता केवल शासकों से नहीं, बल्कि सेवकों से भी बनती है।

आगे के अध्याय इसी निरंतरता में इतिहास, समाज और संस्कृति की परतों को एक साथ खोलते हैं—बिना उतावलेपन के, बिना घोषणाओं के, और बिना किसी वैचारिक आग्रह के। यही इस ग्रंथ की मूल प्रकृति है, और यही इसका विनम्र उद्देश्य भी।

आनन्द कुमार आशोधिया (*लेखक*)

अध्याय–1 : जब समाज की पहचान न्याय से होती थी

1. सभ्यतागत पृष्ठभूमिः न्याय, कर्तव्य और सामाजिक उत्तरदायित्व

भारतीय सभ्यता के आदि चरणों में सामाजिक संरचना मात्र श्रम-विभाजन पर आधारित नहीं थी, बल्कि धर्म, न्याय और लोक-कल्याण इसके प्राण-तत्व थे। उस युग में मनुष्य का मूल्यांकन उसके 'पेशागत कौशल' से अधिक उसके **'सभ्यतागत उत्तरदायित्व'** से होता था। जो समाज व्यवस्था को संतुलित रखता था और जन-जीवन की शुचिता की रक्षा करता था, वही प्रतिष्ठित माना जाता था।

1.1 'न्यायी' से 'नाई': एक सभ्यतागत संक्रमण

लोक-स्मृति और भाषाई विकास के सूत्रों के अनुसार, "न्यायी" शब्द का प्रयोग उस व्यक्ति के लिए होता था जो संतुलन बनाए रखता था और समाज की शारीरिक व नैतिक शुद्धि में संलग्न रहता था। यही "न्यायी" शब्द कालांतर में ध्वन्यात्मक परिवर्तनों के साथ "नाई" कहलाया। यह केवल एक शब्द का रूपांतरण नहीं, बल्कि उस ऐतिहासिक सत्य का प्रमाण है कि सैन समाज मूलतः **न्याय और संतुलन का संवाहक** रहा है।

1.2 प्राचीन समाज में भूमिकाः शुद्धि, चिकित्सा और संस्कार

प्राचीन काल में नाई की भूमिका बहुआयामी थी। वह केवल केश-कर्तन तक सीमित नहीं था, बल्कि वह समाज का **'अनौपचारिक रक्षक'** था।

- **वैद्यकीय प्रज्ञा:** वह शल्य-क्रियाओं (Surgery) में सहायक था और औषधीय ज्ञान का संरक्षक था।
- **संस्कारों का साक्षी:** जन्म से मृत्यु तक के सोलह संस्कारों में उसकी उपस्थिति अनिवार्य थी, जो उसे एक 'सभ्यतागत स्तंभ' के रूप में स्थापित करती थी।
- **राजकीय विश्वास:** राज दरबारों में वह राजा का सबसे निकटवर्ती और विश्वस्त पात्र था। "राजा बदलते हैं, पर नाई बना रहता है" — यह उक्ति सिद्ध करती है कि सत्ता के परिवर्तनों के बीच भी 'सामाजिक व्यवस्था' की निरंतरता इसी समाज ने थामे रखी थी।

1.3 व्युत्पत्ति और शास्त्रीय संदर्भ

सैन समाज की पहचान को विभिन्न कालों में अनेक शास्त्रीय संज्ञाएँ प्राप्त हुईं:

शब्द	**स्रोत**	**संदर्भ**
नापित (Nāpita)	यजुर्वेद, मनुस्मृति	संस्कारों का अनिवार्य अंग और शारीरिक शुद्धि का निष्पादक।
नाभि/नविक	पौराणिक कथाएँ	इक्ष्वाकु वंश और नाभि ऋषि की परंपरा से जुड़ाव (क्षत्रिय मूल का दावा)।

शब्द	स्रोत	संदर्भ
क्षौरकार	संस्कृत साहित्य	सौंदर्य और स्वच्छता के माध्यम से मर्यादा का रक्षक।

ऐतिहासिक दृष्टि: बौद्ध और जैन साहित्य के साथ-साथ ग्रीक यात्रियों (जैसे कर्टियस) के वृत्तांत सम्राट **महापद्मनंद** की उत्पत्ति को इसी समाज से जोड़ते हैं, जो इस समुदाय की प्रशासनिक और राजनीतिक क्षमता का सबसे बड़ा साक्ष्य है।

1.4 मध्यकालीन विस्तार और औपनिवेशिक आघात

मध्यकाल में इस समाज ने अपनी भूमिका को और अधिक विस्तृत किया। वे संदेशवाहक (Couriers), विवाह-मध्यस्थ (Matchmakers) और लोक-चिकित्सक के रूप में समाज की धमनी बने रहे।

किंतु, औपनिवेशिक काल (ब्रिटिश शासन) की जनगणनाओं ने एक जीवंत 'सामाजिक भूमिका' को 'संकीर्ण जातिगत श्रेणी' (Caste Category) में बाँध दिया। एच.एच. रिस्ले और विलियम क्रुक जैसे नृवंशविज्ञानियों ने इस समुदाय के बहुआयामी इतिहास को केवल एक पेशे तक सीमित करने का प्रयास किया।

1.5 आधुनिक पहचान और संस्कृतिकरण

20वीं शताब्दी में आत्मसम्मान आंदोलनों के प्रभाव स्वरूप सैन समाज ने अपनी ऐतिहासिक श्रेष्ठता को पुनः प्राप्त करने के प्रयास किए:

- **1921-1931 की जनगणना:** स्वयं को 'ठाकुर' (क्षत्रिय) और 'नाई-ब्राह्मण' के रूप में पहचान दिलाने का आग्रह किया गया।
- **'सैन' नाम का उदय:** भक्ति आंदोलन के **संत शिरोमणि भगत सैन** के नाम पर समाज ने 'सैन' संबोधन अपनाया, जो सेवा और भक्ति के अद्भुत समन्वय का प्रतीक है।

1.6 क्षेत्रीय विविधता: एक समाज, अनेक नाम

यद्यपि पूरे भारत में इस समाज की भूमिका समान रही, किंतु भाषा के आधार पर इनके नाम बदलते रहे:

- **महाराष्ट्र:** नाभिक, न्हावी
- **दक्षिण भारत:** नायन, अंबथन (अक्सर चिकित्सा से जुड़े)
- **बंगाल/ओडिशा:** नापित, नाई
- **उत्तर भारत:** सैन, ठाकुर, सविता, वर्मा

1.7 उल्लेखनीय व्यक्तित्व: समाज के प्रकाश-पुंज

सैन समाज ने इतिहास के हर मोड़ पर राष्ट्र को महान व्यक्तित्व दिए हैं:

1. **आध्यात्मिक:** संत शिरोमणि भगत सैन (भक्ति धारा के स्तंभ)
2. **शौर्य:** भाई साहिब सिंह (खालसा के पंज प्यारे में सम्मिलित)

3. **राजनैतिक:** जननायक कर्पूरी ठाकुर (सामाजिक न्याय के मसीहा)
4. **सांस्कृतिक:** भिखारी ठाकुर (भोजपुरी के शेक्सपियर), मैथिली ठाकुर (लोक संगीत की युवा आवाज़)

निष्कर्ष

नाई अथवा सैन समाज का इतिहास 'श्रम' से अधिक 'संस्कार' और 'न्याय' का इतिहास है। यह समाज भारतीय सभ्यता का वह अनिवार्य घटक है, जिसने कभी सत्ता का मुखौटा पहनना स्वीकार नहीं किया, लेकिन सदैव सत्ता और समाज के बीच की मर्यादा को सुरक्षित रखा। आज यह समाज शिक्षा और आधुनिक उद्योगों में अपनी प्रतिभा का लोहा मनवा रहा है, किंतु उसकी जड़ें उसी **'न्याय-बोध'** में हैं जिसने उसे सदियों तक 'अपरिहार्य' बनाए रखा।

अध्याय–2 : चंद्रवंशी–क्षत्रिय परंपरा और सैन समाज

(शस्त्र से शुद्धि तक: सत्ता, सेवा और सभ्यता की यात्रा)

भारतवर्ष की प्राचीन सामाजिक संरचना केवल व्यवसायों का संकलन नहीं थी, बल्कि वह कर्तव्य, मर्यादा और न्याय पर आधारित एक सजीव व्यवस्था थी। यहाँ समाज का मूल्यांकन इस आधार पर होता था कि वह सभ्यता के संरक्षण में क्या योगदान देता है। इसी गौरवमयी पृष्ठभूमि में **चंद्रवंशी क्षत्रिय परंपरा** का उदय हुआ, जिसे लोकस्मृति ने केवल राजवंशों की सूची नहीं, बल्कि न्याय, सौम्यता और लोक-कल्याण का शाश्वत प्रवाह माना है।

सैन समाज की आत्म-चेतना में यह स्मृति आज भी जीवंत है कि यह समुदाय चंद्रवंशी क्षत्रिय मूल से उद्भूत है। यह केवल एक वंशावली का दावा नहीं है; यह उस दार्शनिक सत्य का उद्घोष है जो कहता है कि क्षत्रिय होना केवल तलवार उठाना नहीं, बल्कि 'न्याय' की रक्षा हेतु स्वयं को समर्पित करना है।

2.1 चंद्रवंश: सत्ता नहीं, न्याय का अधिष्ठान

भारतीय परंपरा में चंद्रवंश को सूर्यवंश के 'तेज' और 'प्रताप' के पूरक के रूप में देखा गया है। जहाँ सूर्यवंश विजय और विस्तार का प्रतीक रहा, वहीं चंद्रवंश **संयम, विवेक, नीति और लोक-रंजन** का प्रतिनिधि बना।

- **संरक्षक की भूमिका:** चंद्रवंशी शासक केवल सिंहासन पर बैठने वाले अधिपति नहीं थे; वे प्रजा के

जीवन के सूक्ष्म निर्णायक, चिकित्सक और मार्गदर्शक भी थे।

- **शुद्धि का विचार:** इसी परंपरा में शरीर, समाज और शासन—तीनों की 'शुद्धि' का विचार केंद्र में रहा, जो कालांतर में सैन समाज की मूल भूमिका का आधार बना।

2.2 क्षत्रिय धर्म: "क्षति से रक्षा करने वाला"

प्राचीन भारत में क्षत्रिय शब्द का अर्थ युद्धप्रिय होना नहीं, बल्कि **"क्षति (नुकसान) से रक्षा करने वाला"** था। क्षत्रिय का प्रथम धर्म युद्ध नहीं, बल्कि समाज को अन्याय और व्याधि से बचाना था। युद्ध तो अंतिम विकल्प था; उससे पूर्व चार स्तंभ अनिवार्य थे:

1. **नीति:** समाज का मार्गदर्शन।
2. **न्याय:** विवादों का निष्पक्ष समाधान।
3. **उपचार:** शरीर और मन की व्याधियों का हरण।
4. **सामंजस्य:** विभिन्न वर्गों के बीच संवाद-सेतु।

चंद्रवंशी क्षत्रियों का एक विशिष्ट वर्ग वह था जिसने यह अनुभव किया कि निरंतर रक्तपात सभ्यता को थका देता है। अतः उन्होंने एक महान सभ्यतागत निर्णय लिया—**शस्त्र त्यागकर सेवा और शुद्धि के मार्ग का चयन।**

2.3 शस्त्र त्याग: चेतना का सर्वोच्च उत्कर्ष

लोकस्मृति के अनुसार, जिन क्षत्रियों ने शस्त्र छोड़े, वे पराजित नहीं थे। वे अपने भीतर की हिंसा पर विजय प्राप्त करने वाले 'विजेता' थे। उन्होंने समझा कि समाज को जीवित रखने के लिए केवल तलवार की धार नहीं, बल्कि **मरहम और संवाद की मधुरता** चाहिए।

- **संक्रमण काल:** इसी युगांतकारी मोड़ पर क्षत्रिय परंपरा के भीतर एक नवीन मार्ग विकसित हुआ, जहाँ शस्त्र का स्थान शल्य-कर्म (Surgery) ने लिया और दंड का स्थान उपचार (Healing) ने।

2.4 "नाई" शब्द: पद और पहचान का गौरव

लोकमान्यता के अनुसार, "नाई" शब्द का संबंध केवल केश-कर्तन से नहीं था। इसकी व्युत्पत्ति **'न्याय' (Nyayi)** और **'नीति'** से जुड़ी है।

- नाई वह था जो देह की शुद्धि करता था, जो शल्य-कर्म से व्याधि मुक्त करता था और जो संस्कारों का साक्षी बनकर समाज में व्यवस्था बनाए रखता था।

- **अविचल स्तंभ:** लोककथा कहती है—*"राजा बदलते हैं, पर नाई बना रहता है।"* यह वाक्य स्पष्ट करता है कि सत्ताएँ अस्थाई हैं, किंतु न्याय और शुद्धि की आवश्यकता शाश्वत है।

2.5 सैन: सेवा से शक्ति का समन्वय

"सैन" शब्द को समाज अपनी श्रेष्ठतम पहचान मानता है। इसे **सेनानी (Warrior), सेवक (Servant), और संरक्षक (Protector)**—इन तीनों के समन्वय के रूप में देखा जाता है।

- **विश्वास की पराकाष्ठा:** सैन समाज ने सिद्ध किया कि सेवा और सत्ता विरोधी नहीं हैं। जो सेवा में निष्णात है, वही शासन के योग्य है। यही कारण है कि राजदरबारों में वे केवल परिचारक नहीं, बल्कि राजा के अत्यंत गोपनीय सूचनाओं के वाहक और विश्वस्त सलाहकार रहे।

2.6 चिकित्सकीय प्रज्ञा और सामाजिक साक्षी

सैन समाज की चंद्रवंशी विरासत का सबसे प्रबल प्रमाण उनका **पारंपरिक चिकित्सकीय ज्ञान** है।

- **सभ्यता का पहरेदार:** यह कोई संयोग नहीं है कि जन्म, विवाह और मृत्यु—जीवन के तीनों निर्णायक मोड़ों पर नाई की उपस्थिति अनिवार्य है। यह भूमिका किसी 'निम्न' वर्ग को नहीं दी जा सकती थी; यह केवल उसी को सौंपी गई जिस पर समाज का 'अटूट विश्वास' था।

2.7 आत्म-स्मृति: सभ्यता का चयन

आज की नई पीढ़ी को यह समझना होगा कि सैन समाज का गौरव उनके द्वारा चुनी गई **'अहिंसा और उपचार'** की राह में है। समाज की आत्म-स्मृति कहती है:

"हमने तलवार छोड़कर खुद को कमजोर नहीं किया, बल्कि हमने तलवार छोड़कर सभ्यता को बचाया।" उन्होंने रक्तपात के स्थान पर उपचार चुना और हिंसा के स्थान पर सामाजिक समरसता।

निष्कर्ष: आने वाली पीढ़ी के लिए बोध

यह अध्याय अतीत का विवरण मात्र नहीं, बल्कि आने वाली पीढ़ियों के लिए **'आत्मबोध'** का मंत्र है। जब भी सैन समाज का कोई बालक अपनी जड़ों के बारे में पूछे, तो उत्तर यह होना चाहिए—"हम उस परंपरा के वाहक हैं जिसने शासन भी किया और न्याय भी; और जब समय की मांग हुई, तो समाज को बचाने के लिए शस्त्र त्यागकर सेवा का वरण किया।"

चंद्रवंशी-क्षत्रिय परंपरा और सैन समाज का संबंध यह सिखाता है कि **असली शक्ति तलवार में नहीं, बल्कि उस हाथ में है जो घाव भरने का सामर्थ्य रखता है।**

अध्याय–3 : महापद्मनंद और नाई समाज – सत्ता, न्याय और इतिहास की अनकही परंपरा

भारतीय इतिहास के फलक पर कुछ व्यक्तित्व ऐसे होते हैं, जो केवल साम्राज्य की सीमाओं का विस्तार नहीं करते, बल्कि युग-निर्माण की दिशा ही बदल देते हैं। महापद्मनंद ऐसा ही एक ऐतिहासिक नाम है। इतिहासकारों ने उन्हें 'नंद वंश' के महाप्रतापी सम्राट के रूप में दर्ज किया है, किंतु लोक-स्मृति और सामाजिक चेतना में वे एक **न्यायी शासक, व्यवस्था-निर्माता और जन-संरक्षक** के रूप में अमर हैं। सैन समाज की ऐतिहासिक चेतना में महापद्मनंद का नाम इस बात का जीवंत प्रमाण है कि सेवा, चिकित्सा और शिल्प से जुड़ा यह समाज सत्ता का केवल सहयोगी ही नहीं, बल्कि कुशल संचालक भी रहा है।

1. महापद्मनंद: सत्ता का नवीन प्रतिमान

इतिहास महापद्मनंद को 'एकराट' और 'सर्वक्षत्रान्तक' जैसी उपाधियों से विभूषित करता है, जो उनकी सैन्य शक्ति की परिचायक हैं। किंतु सैन समाज की दृष्टि में उनका महत्व उनकी विजयों से अधिक उनकी **'शासन-दृष्टि'** में निहित है।

- **व्यवस्था पर बल:** महापद्मनंद के शासन में सत्ता का अर्थ केवल कर-संग्रह नहीं था, बल्कि प्रशासनिक संतुलन और सामाजिक सुरक्षा था।

- **स्थिरता का कारक:** उन्होंने एक ऐसी व्यवस्था विकसित की जो तलवार के भय पर नहीं, बल्कि बुद्धि और प्रबंधन पर आधारित थी। सैन समाज इसी 'व्यवस्था-निर्माण' की क्षमता को अपनी ऐतिहासिक विरासत के रूप में देखता है।

2. वैचारिक रूपांतरण: "न्यायी" से "नाई" तक की यात्रा

सैन समाज की लोक-परंपरा में एक अत्यंत गहन सूत्र मिलता है—**'न्यायी' से 'नाई'**। यह केवल शब्दों का परिवर्तन नहीं, बल्कि एक वृहत्तर ऐतिहासिक प्रक्रिया का संकेत है।

- **न्याय का संवाहक:** प्राचीन समाज में जो व्यक्ति न्याय करता था, विवादों में तटस्थ रहकर निर्णय लागू करता था और सामाजिक संतुलन बनाए रखता था, उसे 'न्यायी' कहा गया। समय के साथ यही शब्द सामाजिक अपभ्रंश और पहचान के रूप में 'नाई' में रूपांतरित हुआ।

- **नैतिक आधार:** महापद्मनंद के काल में न्याय-व्यवस्था अत्यंत संगठित थी। सैन समाज स्वयं को उस परंपरा का उत्तराधिकारी मानता है जिसने राजसत्ता को नैतिक और न्यायिक आधार प्रदान किया।

3. सत्ता के भीतर, प्रदर्शन से दूर: मौन भागीदारी

नाई समाज का इतिहास सदैव सत्ता के निकट रहा है, किंतु उसने कभी 'सत्ता के अहंकार' का प्रदर्शन नहीं किया।

- **विश्वासपात्र सलाहकार:** महापद्मनंद जैसे दूरदर्शी सम्राट के लिए ऐसे विश्वसनीय व्यक्तियों की आवश्यकता थी जो गोपनीयता, संयम और विवेक के धनी हों। यही गुण सैन समाज की पहचान बने।

- **मौन निर्णयकर्ता:** राज दरबारों में नाई केवल व्यक्तिगत परिचर्या तक सीमित नहीं था; वह राजा का सबसे निकटवर्ती सूचना-स्रोत और संकट के समय का मूक सलाहकार था। यही कारण है कि सत्ताएं बदलती रहीं, पर इस समाज की 'अनिवार्यता' अक्षुण्ण रही।

4. इतिहास की चुप्पी बनाम समाज की स्मृति

यह एक ऐतिहासिक विडंबना है कि लिखित इतिहास ने प्रायः युद्धों और वंशावलियों को तो स्थान दिया, किंतु व्यवस्था को थामे रखने वाले 'मौन स्तंभों' को अनदेखा कर दिया।

- **लोक-कथाओं का यथार्थ:** जहाँ औपचारिक इतिहास मौन है, वहाँ सैन समाज की स्मृति लोककथाओं और परंपराओं में मुखर है। महापद्मनंद का नाम इस स्मृति में इसलिए अटल है क्योंकि वह यह सिद्ध करता है कि **'सेवा' और 'शासन' परस्पर विरोधी नहीं हैं।** एक सेवक सत्ता का आधार हो सकता है, और एक शासक स्वभाव से न्यायी।

5. महापद्मनंद: सैन समाज के लिए प्रतीकात्मक गौरव

आज जब सैन समाज अपने अतीत का पुनरावलोकन कर रहा है, तब महापद्मनंद मात्र एक ऐतिहासिक पात्र नहीं, बल्कि एक **सांस्कृतिक प्रतीक** हैं।

- **आत्मसम्मान का स्रोत:** वे इस सत्य के प्रतीक हैं कि इस समाज का अतीत केवल श्रम तक सीमित नहीं रहा, बल्कि शासन और न्याय की नींव रखने में भी इसकी निर्णायक भूमिका रही है।

- **गौरवपूर्ण पहचान:** महापद्मनंद के माध्यम से समाज यह संदेश देता है कि उसकी जड़ें उस साम्राज्य से जुड़ी हैं जिसने भारत को पहली बार एक सुदृढ़ प्रशासनिक ढाँचा प्रदान किया।

निष्कर्ष

महापद्मनंद और सैन समाज का संबंध केवल रक्त या जाति का नहीं, बल्कि **'न्याय और व्यवस्था'** की साझा विरासत का है। यह अध्याय स्पष्ट करता है कि सैन समाज की गरिमा उस गौरवपूर्ण अतीत में है जहाँ सत्ता न्याय से जन्म लेती थी और सेवा इतिहास रचती थी। महापद्मनंद उसी उज्ज्वल परंपरा के शिखर पुरुष हैं, जो आज भी सैन समाज को आत्म-गौरव और सामाजिक प्रतिष्ठा का मार्ग दिखाते हैं।

अध्याय–4 : अशोक और मौर्य कालः शस्त्र से धम्म तक का रूपांतरण

(सत्ता की नैतिकता और सेवा-संस्कृति का ऐतिहासिक संगम)

भारतीय इतिहास में मौर्य काल केवल साम्राज्यिक सीमाओं के विस्तार का अध्याय नहीं है; यह उस संक्रमण वेला का साक्षी है जहाँ सत्ता की शक्ति पहली बार 'नैतिकता' और 'धम्म' के सम्मुख नतमस्तक हुई। सम्राट अशोक का व्यक्तित्व इसी युगांतकारी परिवर्तन का केंद्र-बिंदु है। एक ऐसा शासक, जिसने विजय के अहंकार को त्यागकर पराजय की करुणा को अंगीकार किया और शासन को 'दमन' के स्थान पर 'उपचार' का माध्यम बनाया। इस सभ्यतागत चेतना में न्याय, शुद्धि और सेवा को राज्य की आत्मा के रूप में प्रतिष्ठित किया गया।

1. संगठित प्रशासन और मानवीय आधार

मौर्य साम्राज्य की अपार शक्ति का मूल आधार उसका सुगठित प्रशासनिक ढाँचा था। यह व्यवस्था केवल राजस्व या सैन्य नियंत्रण तक सीमित नहीं थी, बल्कि इसके केंद्र में 'मनुष्य' और उसकी 'सामाजिक मर्यादा' थी।

- **सेवा-समुदायों का महत्वः** जब कोई सत्ता शस्त्र के स्थान पर नैतिक अनुशासन को चुनती है, तो उसे ऐसे समुदायों की आवश्यकता होती है जो शुद्धि, गोपनीयता और सामाजिक संतुलन को साध सकें।

- **सैन समाज का ऐतिहासिक संदर्भ:** इसी परिप्रेक्ष्य में सैन समाज की भूमिका उभरती है। मौर्यकालीन व्यवस्था में देह की शुद्धि, संस्कारों का संरक्षण और राजकीय विश्वास का निर्वहन करने वाले वर्ग राज्य-व्यवस्था की उस सूक्ष्म धुरी के रूप में कार्य कर रहे थे, जिसने शासन को 'मानवीय' बनाया।

2. कलिंग से करुणा तक: सत्ता का हृदय-परिवर्तन

अशोक के जीवन में कलिंग का युद्ध एक निर्णायक मोड़ था। इतिहास जिसे 'विजय' कहता है, अशोक ने उसे 'पराजय' के रूप में अनुभव किया।

- **शस्त्र का विसर्जन:** युद्धभूमि की विभीषिका ने अशोक के भीतर यह प्रश्न उत्पन्न किया—क्या सत्ता का ध्येय केवल रक्तपात है, या जीवन की रक्षा? यहीं से 'रणघोष' के स्थान पर 'धम्मघोष' की यात्रा आरंभ होती है।

- **उपचार की नीति:** अशोक ने दंड-व्यवस्था को कठोरता से हटाकर 'सुधार' और 'उपचार' की ओर मोड़ा। यहाँ 'न्याय' केवल एक निर्णय नहीं था, बल्कि समाज के भीतर संवाद और विश्वास को जीवित रखने का एक प्रयास था।

3. 'धम्म' और सेवा-परंपरा का विस्तार

अशोक के अभिलेखों में वर्णित 'धम्म' कोई संकीर्ण मत नहीं, बल्कि एक जीवन-पद्धति थी। इसमें करुणा, संयम और सेवा को राज्य-नीति का मूल आधार बनाया गया।

- **बहुआयामी भूमिका:** प्राचीन भारत में नाई (सैन) केवल केश-कर्तन तक सीमित नहीं था। वह शल्य-कर्म (Surgery) का कुशल सहायक, राजकीय गोपनीयता का विश्वस्त वाहक और संस्कारों का मुख्य निष्पादक था।

- **विश्वास का तंत्र:** मौर्यकालीन समाज में राजाज्ञा को जन-सामान्य तक पहुँचाने और सामाजिक असंतुलन को दूर करने के लिए ऐसे माध्यमों की आवश्यकता थी जो हर वर्ग में स्वीकार्य हों। सैन समाज, अपनी सर्वव्यापी उपस्थिति और विश्वासपात्र छवि के कारण, सत्ता और समाज के बीच एक अपरिहार्य 'संवाद-सेतु' बना रहा।

4. न्याय: पहचान और गौरव की त्रिवेणी

मौर्य काल ने भारत को वह दृष्टि दी जहाँ न्याय केवल सत्ता का अधिकार नहीं, बल्कि सेवा का परिणाम था।

- **न्यायी की पहचान:** 'न्यायी' शब्द की जड़ें उस सेवा और निष्पक्षता में हैं जो सैन समाज जैसे समुदायों ने सदियों तक निभाई। शासन को मानवीय बनाने और समाज को सुरक्षित रखने की यह परंपरा मौर्य काल से निकलकर मध्यकाल और फिर संत-परंपरा तक प्रवाहित हुई।

- **श्रम का सम्मान:** अशोक के यश का आधार यही था कि उसने श्रम को सम्मान और सेवा को शक्ति प्रदान

की। सैन समाज इसी वैचारिक त्रिवेणी—न्याय, सेवा और गौरव—का ऐतिहासिक संवाहक रहा है।

निष्कर्ष

अशोक और मौर्य काल को समझना वास्तव में उस भारत को समझना है जहाँ शस्त्र तो था, किंतु शासन शस्त्र से ऊपर उठकर 'करुणा' पर टिका था। मौर्य काल केवल इतिहास नहीं, बल्कि वह दर्शन है जो सिखाता है कि जिस हाथ में सेवा का संकल्प हो, वह हाथ सत्ता के शिखर से लेकर समाज की जड़ों तक मानवीय गरिमा को सींचने का सामर्थ्य रखता है। सैन समाज की पहचान इसी त्याग, सेवा और विश्वास की गौरवमयी गाथा से निर्मित हुई है।

अध्याय–5 : नाई – शल्य, शुद्धि और गोपनीयता

(सैन समाज की त्रि-आयामी सभ्यतागत भूमिका)

भारतीय सभ्यता के सुदीर्घ इतिहास में कुछ भूमिकाएँ ऐसी रही हैं जो कोलाहल नहीं करतीं, परंतु संपूर्ण सामाजिक व्यवस्था को आधार प्रदान करती हैं। वे सत्ता के प्रत्यक्ष मंच पर भले न दिखें, किंतु समाज के हर निर्णायक और संवेदनशील क्षण में उनकी उपस्थिति अनिवार्य होती है। नाई—जिसे आधुनिक दृष्टि ने एक सीमित आर्थिक पेशे में संकुचित कर दिया—वास्तव में भारतीय 'लोक-जीवन' की एक मूलभूत और अपरिहार्य संस्था रहा है। **शल्य (Surgery), शुद्धि (Purification) और गोपनीयता (Confidentiality)**—ये वे तीन स्तंभ हैं जिन पर सैन समाज की ऐतिहासिक और नैतिक पहचान टिकी है।

1. शल्य-परंपरा: स्थिरता और संवेदनशीलता का कौशल

भारतीय ज्ञान-परंपरा में जब हम 'शल्य-तंत्र' की बात करते हैं, तो आचार्य सुश्रुत का नाम स्वतः उभरता है। सुश्रुत संहिता इस तथ्य की प्रमाण है कि प्राचीन भारत में शल्य-क्रिया एक उन्नत विज्ञान था।

- **सहायक से विशेषज्ञ तक:** शल्य-कर्म के लिए केवल ज्ञान पर्याप्त नहीं था; इसके लिए स्थिर हाथ, एकाग्र मन और उपकरणों की शुद्धि में निपुणता आवश्यक थी। सैन समाज ऐतिहासिक रूप से इस चिकित्सकीय प्रज्ञा का संवाहक रहा है।

- **लोक-चिकित्सा:** ग्रामीण अंचलों में 'प्राथमिक शल्य-चिकित्सक' (Paramedic) के रूप में नाई की भूमिका अद्वितीय थी। रक्तस्राव रोकना, फोड़ों का उपचार और शरीर के सूक्ष्म रोगों का निवारण करना उनके सहज कौशल का हिस्सा था।

2. शुद्धि: देह से संस्कार तक का मार्ग

भारतीय जीवन-दर्शन में 'शुद्धि' केवल शारीरिक स्वच्छता नहीं, बल्कि एक आध्यात्मिक और सामाजिक मर्यादा है। जन्म से मृत्यु तक के सोलह संस्कारों में शरीर की पवित्रता अनिवार्य मानी गई है।

- **संस्कार निष्पादक:** मुंडन, केश-संस्कार और अन्य शारीरिक अनुष्ठान केवल सौंदर्य हेतु नहीं, बल्कि व्यक्ति को 'संस्कार-योग्य' बनाने हेतु थे। नाई इन अनुष्ठानों का केवल निष्पादक नहीं, बल्कि **'मर्यादा-रक्षक'** था।

- **विश्वास का समर्पण:** समाज के हर वर्ग का व्यक्ति जब अपने शरीर (विशेषकर मस्तक) को नाई के हाथों में सौंपता था, तो वह वास्तव में अपनी सुरक्षा और शुचिता का 'विश्वास' सौंपता था। नाई का उस्तरा यहाँ अनुशासन और संयम का प्रतीक बन जाता था।

3. गोपनीयता: मौन का नैतिक उद्‌घोष

नाई की सबसे विशिष्ट पहचान उसकी **'समीपता'** रही है। वह राजा के उतना ही निकट था जितना सामान्य जन के। यह

समीपता किसी सत्ता के कारण नहीं, बल्कि उसके 'आचरण' के कारण अर्जित थी।

- **विश्वासपात्र (Confidant):** राजा के सबसे निजी कक्षों तक पहुँच रखने वाला व्यक्ति यदि वाचाल या लोभी हो जाए, तो साम्राज्य संकट में पड़ सकता था। अतः नाई समाज ने 'सुनना अधिक और कहना कम' के सिद्धांत को अपनी वृत्ति बनाया।

- **समाज का आश्वासन:** उन्होंने राजाओं के अंतर्द्वंद्व देखे और जन-सामान्य की विवशताएँ भी, किंतु उन्हें कभी सार्वजनिक नहीं किया। इसी गोपनीयता के कारण वे समाज के हर वर्ग में स्वीकार्य और सुरक्षित रहे। उनकी उपस्थिति किसी के लिए खतरा नहीं, बल्कि एक 'आश्वासन' थी।

4. उस्तरा: संयमित शक्ति का प्रतीक

सैन समाज का मुख्य उपकरण 'उस्तरा' एक गहरा प्रतीकात्मक अर्थ लिए हुए है। वह धारदार है, किंतु हिंसक नहीं। वह काटता है, किंतु नव-निर्माण के लिए; वह स्पर्श करता है, किंतु मर्यादा के साथ।

- **शक्ति का नियंत्रण:** यह वही दर्शन है जिसने शक्ति के सर्वोच्च रूप को 'हिंसा' के स्थान पर 'नियंत्रण' और 'मानव-कल्याण' में स्थापित किया। नाई का उस्तरा यह सिखाता है कि वास्तविक सामर्थ्य विनाश में नहीं, बल्कि संतुलन और शुद्धि में है।

5. व्यवस्था की निरंतरता: "राजा बदलते हैं, नाई बना रहता है"

लोक-जीवन की यह कहावत सत्ता के नहीं, बल्कि **'सामाजिक स्थिरता'** के बोध को प्रकट करती है। राजनैतिक क्रांतियाँ आती-जाती रहीं, वंश बदलते रहे, किंतु गाँव और समाज की आंतरिक व्यवस्था को सैन समाज जैसे वर्गों ने ही थामे रखा। वे इतिहास की उस आधार-रेखा की भाँति रहे जिस पर समय की लहरें तो उठती रहीं, पर वह स्वयं अडिग रहा।

निष्कर्ष

सैन समाज ने कभी सत्ता पर दावा नहीं किया, किंतु उन्होंने सत्ता को 'मानवीय' और समाज को 'अनुशासित' बनाए रखा। उन्होंने कभी स्वयं को न्यायी नहीं कहा, किंतु अपनी निष्पक्षता से **'न्याय को संभव'** बनाया। यह अध्याय इस सत्य को पुनर्स्थापित करता है कि सैन समाज का अतीत केवल श्रम का इतिहास नहीं, बल्कि वह **विवेक, संस्कार और अटूट विश्वास** की एक गौरवमयी गाथा है।

अध्याय–6 : ग्राम समाज – गाँव का न्यायी और संवाद-सेतु

(सामाजिक संरचना, पंचायत-परंपरा और सैन समाज की भूमिका के आलोक में)

भारतीय सभ्यता की आत्मा नगरों के कोलाहल में नहीं, बल्कि गाँवों के मौन अनुशासन में बसती रही है। सदियों तक राजधानियाँ बदलती रहीं, साम्राज्य बनते और बिगड़ते रहे, किंतु भारतीय 'ग्राम' एक पूर्ण और स्वायत्त इकाई के रूप में जीवित रहा। इस ग्राम-व्यवस्था का आधार कोई लिखित संविधान नहीं, बल्कि पारस्परिक विश्वास और नैतिक मर्यादा थी। इस व्यवस्था को संतुलित रखने में जिस समुदाय ने बिना किसी प्रत्यक्ष सत्ता के भी निर्णायक भूमिका निभाई, वह सैन समाज था। सैन समाज ग्राम-व्यवस्था का वह '**अदृश्य सूत्र**' था जिसने सूचना, न्याय और संवाद को एक साथ पिरोए रखा।

1. सर्वव्यापी सामाजिक संपर्क: गाँव की सामूहिक स्मृति

सैन समाज की विशिष्टता उसकी '**सर्व-स्वीकार्यता**' में निहित थी। वह गाँव की किसी एक जाति या श्रेणी का प्रतिनिधि नहीं था, बल्कि वह समस्त सामाजिक वर्गों—राजा से लेकर रंक और ब्राह्मण से लेकर श्रमिक तक—के जीवन का अनिवार्य हिस्सा था।

- **संस्कारों का साक्षी:** जन्म की पहली किलकारी से लेकर मृत्यु की अंतिम विदाई तक, प्रत्येक संस्कार का

प्रथम सामाजिक संवाद सैन (नाई) के माध्यम से ही स्थापित होता था।

- **अभिलेखीय चेतना:** निरंतर संपर्क के कारण वह गाँव के प्रत्येक परिवार के इतिहास, संबंधों और विवादों का 'जीवंत अभिलेख' (Living Archive) बन गया। उसने समाज की सामूहिक स्मृति को संजोया, किंतु उस ज्ञान का उपयोग कभी निजी स्वार्थ के लिए नहीं किया।

2. पंचायत-परंपरा: अनौपचारिक न्याय का आधार

प्राचीन भारत में न्याय केवल राजदंड का विषय नहीं था; अधिकांश समाधान 'ग्राम पंचायत' की सामूहिक चेतना से निकलते थे। इस न्याय-प्रक्रिया में सैन समाज की भूमिका **'अघोषित अधिकारी'** की थी।

- **नैतिक संदेशवाहक:** पंचायत की सभा हेतु संदेश पहुँचाना मात्र सूचना देना नहीं था; यह एक नैतिक आह्वान था। सैन समाज का 'बुलावा' समाज की सामूहिक आज्ञा माना जाता था, जिसका उल्लंघन मर्यादा के विरुद्ध था।

- **निष्पक्ष मध्यस्थता:** चूँकि सैन समाज की आजीविका संपूर्ण ग्राम से जुड़ी थी, उनका हित किसी एक पक्ष में नहीं बल्कि **'सामाजिक संतुलन'** में था। इसी निष्पक्षता के कारण वे अनेक विवादों को पंचायत तक पहुँचने से पूर्व ही आपसी संवाद से सुलझाने में सक्षम थे।

3. संवाद-सेतु: सूचना का मानवीय तंत्र

उस युग में जब आधुनिक सूचना तंत्र का अभाव था, सैन समाज गाँव के लिए **'सूचना-धमनी'** (Information Artery) का कार्य करता था।

- **सूचना का संदर्भ:** वे राजा के आदेशों, उत्सवों की तिथियों या संकट की चेतावनियों को केवल प्रसारित नहीं करते थे, बल्कि उन्हें उचित संदर्भ और संवेदनशीलता के साथ प्रस्तुत करते थे, ताकि समाज में भ्रम के स्थान पर समझ उत्पन्न हो।

- **गोपनीयता और संयम:** "सबका आदमी" कहे जाने के बावजूद, वे सूचनाओं के प्रति अत्यंत मर्यादित थे। बहुत कुछ जानना और कम बोलना उनकी पेशेवर शुचिता का हिस्सा बन गया।

4. लोक-चिकित्सा और सुरक्षा: बहुआयामी रक्षक

सैन समाज का उत्तरदायित्व केवल संवाद तक सीमित नहीं था, बल्कि वे ग्राम-समाज के **प्राथमिक चिकित्सक** भी थे।

- **वैद्यकीय प्रज्ञा:** घावों का उपचार, रक्तस्राव रोकना और शारीरिक शुद्धि से जुड़े कार्य लोक-चिकित्सा की उस धारा का हिस्सा थे, जिसमें यह समाज निष्णात था।

- **संरक्षण:** संघर्ष के समय घायल व्यक्तियों की सुश्रुषा में उनकी भूमिका ने उन्हें समाज के 'संरक्षक' के रूप में स्थापित किया। वे शरीर, मन और सामाजिक व्यवस्था—तीनों के रक्षक बने रहे।

5. पहचान का ध्वंस और वर्तमान प्रासंगिकता

औपनिवेशिक काल में जब न्याय को अदालतों और विधिक धाराओं के 'कागजी जाल' में बाँध दिया गया, तब ग्राम-समाज की यह मानवीय न्याय-परंपरा हाशिये पर चली गई। सैन समाज की संवादात्मक भूमिका को 'निम्न सेवा' की श्रेणी में रख दिया गया। परंतु, इतिहास गवाह है कि सदियों तक इसी समाज ने गाँवों को टूटने से बचाया।

निष्कर्ष

सैन समाज ने न्याय किया नहीं, परंतु **न्याय को संभव बनाया।** उन्होंने निर्णय सुनाया नहीं, परंतु **निर्णय तक पहुँचने का मार्ग प्रशस्त किया।** उनका गौरव किसी युद्ध के जयघोष में नहीं, बल्कि उस मौन विश्वास में है जो गाँव का हर व्यक्ति उन पर करता था। आज का सैन समाज जब अपने अतीत को देखता है, तो उसे स्वयं को केवल 'सेवा-वर्ग' नहीं, बल्कि भारतीय ग्राम-सभ्यता के **अविचल संरक्षक और संवाद-ऋषि** के रूप में पहचानना चाहिए।

अध्याय–7 : राज्य, दरबार और सामाजिक संरचना – नाई : राजा का सेवक नहीं, व्यवस्था का स्तंभ

भारतीय समाज की ऐतिहासिक संरचना को यदि केवल युद्धों, संधियों और सिंहासनों के माध्यम से समझा जाए, तो वह चित्रण न केवल अधूरा होगा बल्कि भ्रामक भी होगा। सत्ता का स्थायित्व केवल राजदंड में नहीं, बल्कि उन अदृश्य व्यवस्थाओं में निहित होता है जो शासकों के आने-जाने से अप्रभावित रहती हैं। सैन (नाई) समाज इसी मौन किंतु अनिवार्य व्यवस्था का वह स्तंभ रहा है, जिसने इतिहास की आधार-रेखा बनकर शासन की नींव को थामे रखा।

1. राज दरबार में उपस्थिति: विश्वास की एक शाश्वत परंपरा

प्राचीन और मध्यकालीन राज दरबारों में नाई की उपस्थिति केवल शारीरिक परिचर्या के लिए नहीं थी। वह राजा के 'अंतरंग मंडल' का हिस्सा था। यह निकटता केवल भौतिक नहीं, बल्कि एक **गहन मानसिक और नैतिक विश्वास** की परिणति थी।

- **गोपनीयता का संवाहक:** जहाँ सेनापति को 'शक्ति' और मंत्री को 'नीति' सौंपी जाती थी, वहीं नाई को राज्य की 'गोपनीयता' सौंपी जाती थी। गोपनीयता केवल सूचना को छिपाना नहीं, बल्कि विवेक और आत्म-नियंत्रण की वह अग्नि-परीक्षा है जिसमें सैन समाज सदियों तक खरा उतरा।

- **चरित्र आधारित चयन:** राज दरबार में नाई का चयन केवल कौशल के आधार पर नहीं, बल्कि उसके चरित्र, निष्ठा और मौन रहने की क्षमता के आधार पर होता था। वह सत्ता के सबसे संवेदनशील क्षणों का मूक साक्षी था।

2. सेवा नहीं, राज्य-उत्तरदायित्व (Responsibility)

नाई की भूमिका को 'सेवा' की संकुचित श्रेणी में रखना उसकी ऐतिहासिक गरिमा के साथ अन्याय होगा। वास्तव में, यह एक ऐसा **राज्य-उत्तरदायित्व** था जिसमें त्रुटि का कोई स्थान नहीं था।

- **देह और राज्य का प्रतीक:** राजा का शरीर केवल उसकी निजी संपत्ति नहीं, बल्कि राज्य की संप्रभुता का प्रतीक था। राजा का स्वास्थ्य और उसका मानसिक संतुलन सीधे तौर पर राज्य की सुरक्षा से जुड़ा था। इस दृष्टि से नाई का कार्य वस्तुतः 'राज्य-सुरक्षा' (State Security) का ही एक सूक्ष्म विस्तार था।

- **स्थिरता का कारक:** संकट के समय में राजा के सबसे निकट रहकर उसे शांत और संतुलित रखना, सैन समाज के मनोवैज्ञानिक कौशल का हिस्सा था।

3. निर्णयों का मौन साक्षी और संवाद-सेतु

दरबार की गुप्त मंत्रणाओं और सत्ता-संघर्षों के बीच नाई की उपस्थिति इतनी स्वाभाविक थी कि उसे प्रायः 'अदृश्य' मान लिया जाता था। इसी 'अदृश्यता' ने उसे एक विशेष दृष्टि प्रदान की।

- **मध्यवर्ती स्थिति:** वह न तो पूरी तरह सत्ता का हिस्सा था और न ही सामान्य जन का। इसी विशिष्ट स्थिति के कारण वह **'संवाद-सेतु'** बना। उसने दरबार की मर्यादा और जन-सामान्य की अपेक्षाओं के बीच एक संतुलन साधने का कार्य किया, जो आगे चलकर ग्राम-प्रशासन का मुख्य आधार बना।

4. चिकित्सा, शुद्धि और सामाजिक संस्कार

सैन समाज की भूमिका केवल राजप्रासादों तक सीमित नहीं रही। समाज के स्तर पर वह 'शुद्धि' और 'संस्कार' का केंद्र बिंदु रहा।

- **पारंपरिक वैद्यकीय ज्ञान:** शल्य-क्रिया (Surgery) के प्राथमिक रूप, रक्तस्राव नियंत्रण, प्रसूति सहायता और आयुर्वेद के व्यावहारिक प्रयोग में यह समाज दक्ष था।

- **विश्वास का प्रतीक:** जन्म से लेकर मृत्यु तक के सोलह संस्कारों में नाई की अनिवार्यता किसी 'निम्नता' का नहीं, बल्कि **परम सामाजिक विश्वास** का प्रतीक थी। समाज अपने सबसे संवेदनशील और भावुक क्षणों में उसी को आमंत्रित करता है, जिस पर उसे पूर्ण भरोसा हो।

5. निरंतरता का बोध: "राजा बदलते हैं, नाई बना रहता है"

लोक-जीवन में प्रचलित यह उक्ति एक गहरे समाजशास्त्रीय सत्य की ओर संकेत करती है। सत्ता परिवर्तनशील है—वंश नष्ट

होते हैं, साम्राज्य ढहते हैं, परंतु समाज की आधारभूत संरचना को सैन समाज जैसे समुदायों ने ही जीवित रखा।

- **अविचल स्तंभ:** जहाँ राजा इतिहास की चमकदार परतों में दर्ज होते हैं, वहीं सैन समाज उस 'आधार-शिला' की भाँति रहा जो दिखाई तो नहीं देती, पर जिसके हटने से पूरी संरचना धराशायी हो सकती है।

निष्कर्ष

सैन समाज मात्र एक 'सेवा-वर्ग' नहीं, बल्कि भारतीय राज्य-व्यवस्था का एक **अपरिहार्य स्तंभ** था। उसने सत्ता को अहंकार से बचाया, गोपनीयता को गरिमा दी और समाज को संस्कारों से जोड़े रखा। इस अध्याय से यह स्पष्ट होता है कि सैन समाज का गौरव उसके बाहरी प्रदर्शन में नहीं, बल्कि उसकी भूमिका की उस गहराई में है जिसने हज़ारों वर्षों तक भारत की सामाजिक स्थिरता को बनाए रखा।

अध्याय–8 : मध्यकालीन भारत में सैन समाज

1. राजपूत एवं मुगल काल में सैन समाज

मध्यकालीन भारत का इतिहास निरंतर परिवर्तनों, युद्धों और नवीन प्रशासनिक संरचनाओं के उदय का साक्षी रहा है। इस युग में जहाँ एक ओर राजपूत राज्यों की 'शौर्य संस्कृति' विकसित हुई, वहीं दूसरी ओर मुगल साम्राज्य की 'संगठित नौकरशाही' ने आकार लिया। इन दोनों ही सत्ता-केंद्रों के मध्य सैन समाज ने अपनी पारंपरिक भूमिकाओं का विस्तार करते हुए **रणनीति, प्रशासन और व्यक्तिगत निष्ठा** के क्षेत्रों में एक विशिष्ट स्थान अर्जित किया।

1.1 राजशाही संरचना एवं सैन समाज की निकटता

राजपूत और मुगल, दोनों ही संस्कृतियों में शासक की व्यक्तिगत सुरक्षा और गरिमा सर्वोपरि थी। इस संदर्भ में सैन समाज की भूमिका अत्यंत संवेदनशील और गरिमापूर्ण रही।

- **राजपूत काल: निष्ठा का प्रतीक:** राजपूत राज्यों में सैन समाज के सदस्य केवल कर्मी नहीं, बल्कि **'विश्वासपात्र' (Confidants)** के रूप में प्रतिष्ठित थे। राजा की व्यक्तिगत शुद्धि और ग्रूमिंग से लेकर राजपरिवार के गोपनीय परामर्शों तक उनकी पहुँच थी। राजपूत समाज की 'मर्यादा' और 'अभिजात्य' को बनाए रखने में उनकी भूमिका अनिवार्य थी।

- **मुगल काल: शाही शिष्टाचार (Etiquette):** अकबर से लेकर शाहजहाँ के काल तक मुगल दरबार अपनी भव्यता और अनुशासन के लिए जाना जाता था। यहाँ सैन समाज के सदस्यों को **'शाही सेवा वर्ग'** में उच्च स्थान प्राप्त था। सौंदर्य-बोध, स्वच्छता और दरबारी गरिमा को बनाए रखने के कारण उन्हें शासकों का विशेष संरक्षण प्राप्त हुआ।

1.2 युद्ध नीति: संदेशवाहक एवं गुप्तचर भूमिका

मध्यकालीन युद्ध केवल तलवारों से नहीं, बल्कि **'सूचना तंत्र'** से जीते जाते थे। इस तंत्र में सैन समाज एक **'अदृश्य योद्धा'** (Invisible Warrior) की भूमिका में था।

- **अभेद्य संदेशवाहक:** सैन समाज के सदस्यों की राजदरबारों तक सहज पहुँच और समाज में उनकी सामान्य उपस्थिति उन्हें बेहतरीन **संदेशवाहक (Couriers)** बनाती थी। वे शत्रु पक्ष की नजरों में आए बिना महत्वपूर्ण राजकीय और सैन्य सूचनाएँ एक राज्य से दूसरे राज्य तक पहुँचाते थे।

- **सूचना-संग्रह (Intelligence):** चूँकि सैन समाज के लोग समाज के हर वर्ग और स्तर से संपर्क में रहते थे, वे सूचनाओं के प्राथमिक स्रोत थे। उनकी 'निष्कपट पहचान' उन्हें एक प्रभावी **गुप्तचर** के रूप में कार्य करने का अवसर देती थी। कई ऐतिहासिक प्रसंगों में 'खवास' या 'नाई' द्वारा दी गई गुप्त सूचनाओं ने युद्धों के परिणाम बदले हैं।

- **सैन्य शिविर प्रबंधन:** युद्ध के समय वे सैन्य शिविरों में अनुशासन, प्राथमिक उपचार और स्वास्थ्य-संरक्षण के उत्तरदायी होते थे, जो सेना की युद्ध-क्षमता को बनाए रखने के लिए अनिवार्य था।

1.3 'सैन' उपनाम, जागीर एवं सामाजिक प्रतिष्ठा

मध्यकालीन भारत में उपनाम और भूमि-अनुदान किसी समुदाय की सामाजिक शक्ति के सूचक होते थे।

- **उपनाम का उदय:** "सैन" शब्द केवल एक नाम नहीं, बल्कि **'अनुशासन और राजकीय विश्वास'** का अलंकरण बना। कई निष्ठावान परिवारों को उनकी विशिष्ट सेवाओं के बदले शासकों द्वारा 'सैन' (संभवतः 'सेना' या 'शासक के निकट') जैसे गौरवशाली संबोधनों से अलंकृत किया गया।

- **जागीर एवं भूमि-अनुदान:** ऐतिहासिक साक्ष्य बताते हैं कि कई सैन परिवारों को उनकी सेवाओं के पुरस्कार स्वरूप **'जागीर' और 'कर-मुक्त भूमि'** प्रदान की गई थी। राजस्थान और मध्य भारत में ऐसे अनेक उदाहरण मिलते हैं जहाँ सैन समाज के पूर्वज ज़मींदार या स्थानीय जागीरदार के रूप में प्रतिष्ठित हुए।

- **सामाजिक सुदृढ़ता:** इस जागीर परंपरा ने समाज को आर्थिक स्थिरता और ग्रामीण संरचना में 'निर्णयकर्ता' की स्थिति प्रदान की, जिससे उनकी पहचान एक अधीनस्थ सेवक से ऊपर उठकर एक **सम्मानित सामाजिक घटक** के रूप में स्थापित हुई।

निष्कर्ष

मध्यकालीन भारत में सैन समाज की यात्रा पारंपरिक पेशागत सीमाओं से बहुत आगे थी। राजपूतों की 'निष्ठा' और मुगलों के 'प्रशासनिक अनुशासन' के बीच इस समाज ने स्वयं को **रणनीतिक मध्यस्थ और विश्वासपात्र सहभागी** के रूप में सिद्ध किया। यह अध्याय स्पष्ट करता है कि सैन समाज का इतिहास 'भारत बोध' के उस सूत्र को पुष्ट करता है जहाँ सेवा और राष्ट्र-धर्म एक ही सिक्के के दो पहलू थे।

अध्याय–9 : संत शिरोमणि सेन जी महाराज : सेवा से भक्ति तक

(सैन समाज की संत–परंपरा का आध्यात्मिक शिखर)

भारतीय संत-परंपरा का इतिहास केवल कंदराओं, आश्रमों या वैराग्य तक सीमित नहीं रहा है। यह उन महान साधकों का भी साक्षी रहा है जिन्होंने 'श्रम' को ही 'साधना' बनाया और गृहस्थ जीवन की सामान्य चर्या को ईश्वर-प्राप्ति का माध्यम सिद्ध किया। संत शिरोमणि सेन जी महाराज इसी दिव्य परंपरा के प्रखर प्रतिनिधि हैं। सैन समाज की ऐतिहासिक चेतना में वे केवल एक पूर्वज नहीं, बल्कि **सामाजिक आत्मसम्मान और आध्यात्मिक गरिमा** के शाश्वत दीपस्तंभ हैं।

1. कालखंड और परिवेश: समता का उदय

संत सेन जी महाराज का प्रादुर्भाव 14वीं शताब्दी के उत्तरार्ध में हुआ—यह वह काल था जब भारत में 'भक्ति आंदोलन' सामाजिक जड़ता को तोड़कर 'समता' और 'आंतरिक शुद्धि' का स्वर मुखर कर रहा था। सेन जी ने यह स्थापित किया कि ब्रह्म की प्राप्ति किसी विशिष्ट वर्ण, वेश या कर्मकांड की बंधक नहीं है। उन्होंने अपने जीवन से यह सिद्ध किया कि निष्काम कर्म ही वास्तविक योग है।

2. साहित्यिक साक्ष्य एवं मौखिक परंपरा

यद्यपि संत सेन जी का कोई विशाल स्वतंत्र ग्रंथ उपलब्ध नहीं है, किंतु भारतीय वांग्मय में उनका उल्लेख अत्यंत गौरवपूर्ण रहा है:

- **नाभादास कृत भक्तमाल:** इस ग्रंथ और इसकी टीकाओं में सेन जी को एक ऐसे भक्त के रूप में स्मरण किया गया है जो राजसी वैभव के निकट रहते हुए भी अहंकार और लोभ से सर्वथा मुक्त थे। यह सैन समाज के उस ऐतिहासिक चरित्र को दर्शाता है जो सत्ता के निकट रहकर भी अपनी आध्यात्मिक स्वायत्तता बनाए रखता है।

- **लोकस्मृति की जीवंतता:** आपकी वाणी और शिक्षाएँ शास्त्रों से अधिक लोक-कंठ, भजनों और साखियों में सुरक्षित रही हैं। यह मौखिक परंपरा सिद्ध करती है कि आपका दर्शन अकादमिक विमर्श से अधिक जन-सामान्य के जीवनानुभव से जुड़ा हुआ था।

3. सेवा का दर्शन: "हाथ में उस्तरा, मन में राम"

संत सेन जी के दर्शन का केंद्र जटिल तात्त्विक विमर्श नहीं, बल्कि 'जीवन का रूपांतरण' है। लोक परंपरा में प्रचलित यह सूत्र उनके संपूर्ण जीवन दर्शन को समेटे हुए है:

“हाथ में उस्तरा, मन में राम, सेवा करत मिटे अभिमान।”

यह उक्ति न केवल सैन समाज के श्रम को आध्यात्मिक अधिष्ठान प्रदान करती है, बल्कि 'अहंकार के विसर्जन' को ही मोक्ष का मार्ग बताती है। यहाँ 'सेवा' मात्र जीविका नहीं, बल्कि ईश्वर-स्मरण का ही एक स्वरूप बन जाती है।

4. प्रतीकात्मक सत्य और दैवीय हस्तक्षेप

सेन जी से जुड़ी लोककथाएँ ऐतिहासिक विवरणों से अधिक सांस्कृतिक सत्यों को संप्रेषित करती हैं। प्रसिद्ध किंवदंती है कि जब सेन जी भक्ति-समाधि के कारण राज-दरबार में अपनी सेवा देने नहीं पहुँच सके, तब स्वयं ईश्वर ने उनका रूप धरकर राजा की सेवा की।

- **अर्थ:** यह कथा सैन समाज के उस 'आत्मगौरव' को पुष्ट करती है जिसमें उनके द्वारा की जाने वाली सेवा को **'ईश्वर का अपना कार्य'** माना गया है। यह समाज को हीनता से मुक्त कर 'परम-पद' की ओर ले जाती है।

5. सार्वभौमिक स्वीकार्यता: श्री गुरु ग्रंथ साहिब

आपकी आध्यात्मिक प्रतिष्ठा का सबसे प्रबल प्रमाण 'सिख साहित्य' और 'श्री गुरु ग्रंथ साहिब' है।

- **राग धनसारी (अंग 695):** गुरु ग्रंथ साहिब में आपकी वाणी का संकलित होना यह प्रमाणित करता है कि आपके विचार भौगोलिक और जातिगत सीमाओं को लांघकर सार्वभौमिक सत्य बन चुके थे।

- **भाई गुरदास की वारें:** भाई गुरदास जी ने संत कबीर, संत नामदेव और संत रविदास के साथ आपका नाम बड़े आदर से लिया है, जो आपके 'संतत्व' की व्यापकता को दर्शाता है।

6. सैन समाज के लिए महत्ता

सैन समाज के लिए सेन जी महाराज केवल एक धार्मिक प्रतीक नहीं, बल्कि उनके **सांस्कृतिक पुनर्निर्माण के प्रणेता** हैं। उन्होंने समाज को सिखाया कि:

1. सम्मान 'पेशा' बदलने से नहीं, बल्कि उसे 'गरिमा' प्रदान करने से मिलता है।
2. श्रम अपमान का कारण नहीं, अपितु आध्यात्मिक उत्कर्ष का सोपान है।
3. प्रत्येक व्यक्ति अपनी स्वाभाविक भूमिका निभाते हुए भी 'परमात्मा' से साक्षात्कार कर सकता है।

निष्कर्ष

संत शिरोमणि सेन जी महाराज सैन समाज के इतिहास के वह दीपस्तंभ हैं जिनकी प्रकाश-रेखा आज भी समाज को **'आत्मगौरव' और 'आत्मनिर्माण'** की प्रेरणा दे रही है। उनका जीवन इस चिरंतन सत्य का साक्ष्य है कि जिस हाथ में सेवा का संकल्प हो और मन में प्रभु का नाम, वह हाथ कभी छोटा नहीं होता; वह स्वयं 'स्रष्टा' का सहयोगी बन जाता है।

अध्याय–10 : भाई साहिब सिंह - खालसा परंपरा में नाई / सैन समाज की ऐतिहासिक उपस्थिति

सत्रहवीं शताब्दी का उत्तरार्ध उत्तर भारतीय उपमहाद्वीप के लिए केवल राजनीतिक उथल-पुथल का काल नहीं था, बल्कि यह सामाजिक चेतना के **'मंथन और पुनर्संयोजन'** का युग था। एक ओर मुगल सत्ता का दमनकारी केंद्रीकरण था, तो दूसरी ओर गुरु गोबिंद सिंह के नेतृत्व में एक ऐसी वैचारिक क्रांति आकार ले रही थी, जो सदियों की जड़ता और जातिगत ऊँच-नीच को समूल नष्ट करने का साहस रखती थी। इसी ऐतिहासिक पृष्ठभूमि में **भाई साहिब सिंह** का व्यक्तित्व 'भारत बोध' के एक अद्वितीय अध्याय के रूप में उभरता है।

1. जन्म और पृष्ठभूमि: सेवा से संकल्प तक

खालसा दीक्षा से पूर्व आपका नाम **साहिब चंद** था। मध्यकालीन इतिहास की सामान्य सीमाओं के कारण आपके जन्मस्थान को लेकर मतभेद मिलते हैं—जहाँ कुछ स्रोत बीदर (कर्नाटक) का उल्लेख करते हैं, वहीं 'सिख महानकोश' जैसी प्रामाणिक परंपराएँ आपको नंगल शहीदां (होशियारपुर, पंजाब) से संबद्ध करती हैं। पिता के रूप में तुलसी राम या गुरु नारायण जैसे नाम मिलते हैं, किंतु इन मतभेदों के बीच जो अकाट्य सत्य है, वह यह कि आपका जन्म **नाई (सैन) कुल** के एक संस्कारवान परिवार में हुआ था।

2. प्रतीकात्मक निर्वाचन: जाति का विसर्जन

सैन समाज पारंपरिक रूप से गोपनीयता, संवाद और निकट-संपर्क की भूमिकाओं में रहा है। साहिब चंद का '**पंज प्यारे**' में चयन केवल व्यक्तिगत वीरता का संयोग नहीं था, बल्कि गुरु गोबिंद सिंह द्वारा की गई एक '**युगांतकारी घोषणा**' थी।

- **सामाजिक क्रांति:** गुरु साहब ने साहिब चंद को चुनकर यह स्पष्ट कर दिया कि खालसा पंथ में जन्म और जाति का कोई स्थान नहीं है।

- **रूपांतरण:** 1699 की बैसाखी को आनंदपुर साहिब में जब गुरु ने शीश की मांग की, तो साहिब चंद उन प्रथम पाँच वीरों में थे, जिन्होंने मृत्यु के भय को त्यागकर स्वयं को प्रस्तुत किया। दीक्षा के पश्चात वे '**भाई साहिब सिंह**' कहलाए, जो उनकी सामाजिक पहचान का आध्यात्मिक और क्षत्रिय रूपांतरण था।

3. चमकौर का युद्ध और बलिदान की पराकाष्ठा

खालसा की स्थापना के बाद का समय निरंतर धर्म-युद्धों का था। भाई साहिब सिंह केवल दीक्षा तक सीमित नहीं रहे, बल्कि वे गुरु के साये की तरह साथ रहे।

- **शहादत:** 1705 ई. में **चमकौर के ऐतिहासिक युद्ध** में, जहाँ मुगलों की विशाल सेना के विरुद्ध मुट्ठी भर सिख लड़ रहे थे, भाई साहिब सिंह ने अद्‌भुत रण-कौशल दिखाया। भाई हिम्मत सिंह और भाई मोहकम सिंह के साथ लड़ते हुए उन्होंने वीरगति प्राप्त की।

- **नैतिक संकल्प:** उनकी शहादत केवल एक सैन्य घटना नहीं, बल्कि उस नैतिक संकल्प का प्रमाण थी कि एक 'सेवाभावी' समाज आवश्यकता पड़ने पर 'धर्म-रक्षक' की भूमिका में भी सर्वोच्च बलिदान दे सकता है।

4. ऐतिहासिक महत्व: भक्ति और शक्ति का समन्वय

सैन समाज के इतिहास में भाई साहिब सिंह का व्यक्तित्व एक महत्वपूर्ण सेतु है।

- **समन्वय:** एक ओर **संत शिरोमणि भगत सैन** की 'भक्ति-परंपरा' है, तो दूसरी ओर **भाई साहिब सिंह** की 'शक्ति-परंपरा'। ये दोनों मिलकर सैन समाज के ऐतिहासिक चरित्र को पूर्णता प्रदान करते हैं।

- **अभिलेखीय साक्ष्य:** उनका जीवन इस तथ्य का साक्ष्य है कि यह समाज कभी भी केवल 'पेशागत सीमाओं' में कैद नहीं रहा। जब-जब राष्ट्र और धर्म को आवश्यकता हुई, इस समाज ने अपने औजारों को शस्त्रों में बदलकर इतिहास की दिशा मोड़ दी।

निष्कर्ष

भाई साहिब सिंह का जीवन इस सत्य को उद्घाटित करता है कि इतिहास के पृष्ठों पर अमिट स्थान जन्मगत श्रेणियों से नहीं, बल्कि **समर्पण, शुचिता और शौर्य** से प्राप्त होता है। वे सैन समाज के ही नहीं, बल्कि संपूर्ण भारत की उस चेतना के नायक हैं, जो 'मानस की जात सबै एकै पहचानबो' के मंत्र को जीती है।

अध्याय–11 : औपनिवेशिक काल और पहचान का ध्वंस

भारतीय समाज की ऐतिहासिक यात्रा में औपनिवेशिक काल मात्र एक राजनीतिक सत्ता परिवर्तन नहीं था, बल्कि यह एक **'सभ्यतागत विस्थापन'** का युग था। ब्रिटिश सत्ता ने भारतीय समाज की उस नैसर्गिक और जैविक संरचना पर प्रहार किया, जो सदियों से कर्तव्य, पारस्परिकता और सामाजिक ऋण के सिद्धांतों पर टिकी थी। इस कालखंड में भारतीय 'बोध' को यूरोपीय 'वर्गीकरण' से बदलने का प्रयास किया गया, जिससे सैन समाज जैसी बहुआयामी भूमिका वाले समुदायों की पहचान का गहन विघटन हुआ।

1. प्रशासनिक वर्गीकरण: विविधता का संकुचन

ब्रिटिश प्रशासन की दृष्टि भारतीय समाज की जटिलताओं को समझने की नहीं, बल्कि उन्हें 'नियंत्रित' करने की थी। जनगणना (Census), गजेटियर और नृवंशविज्ञानी सूचियों के माध्यम से एक जीवंत समाज को मृत आँकड़ों में बदल दिया गया।

- **पेशा बनाम पहचान:** औपनिवेशिक सत्ता ने सदियों से चली आ रही सामाजिक भूमिकाओं को, जिनका मूल्यांकन सेवा और उत्तरदायित्व के आधार पर होता था, संकीर्ण व्यावसायिक श्रेणियों (Occupational Categories) में कैद कर दिया।

- **शब्दावली का क्षरण:** वह समाज जो कभी न्याय का साक्षी, चिकित्सा का ज्ञाता, संवाद का सेतु और संस्कारों का संवाहक था, उसे औपनिवेशिक रजिस्टरों में केवल "नाई" या "हज्जाम" जैसे सीमित शब्दों में संकुचित कर दिया गया। यह प्रशासनिक सरलीकरण वास्तव में एक सामाजिक श्रेष्ठता का ध्वंस था।

2. चिकित्सकीय एवं सामाजिक भूमिका का विलोपन

सैन समाज की ऐतिहासिक पहचान का एक मुख्य स्तंभ उसकी **'वैद्यकीय प्रज्ञा'** थी। शल्य-क्रिया (Surgery), प्राथमिक उपचार और आयुर्वेद के व्यावहारिक ज्ञान में यह समाज निष्णात था।

- **अवैज्ञानिकता का लेबल:** औपनिवेशिक काल में जब पश्चिमी चिकित्सा पद्धति (Allopathy) को 'राज्याश्रय' मिला, तो भारत की पारंपरिक लोक-चिकित्सा प्रणालियों को 'अवैज्ञानिक' और 'अज्ञान' घोषित कर हाशिये पर धकेल दिया गया।
- **न्यायिक विस्थापन:** पंचायतों में सैन समाज की 'विश्वस्त परामर्शदाता' की भूमिका को ब्रिटिश अदालतों और पुलिस तंत्र ने अधिग्रहित कर लिया। इस प्रक्रिया में समाज की वह पारंपरिक सहभागिता समाप्त हो गई, जो उसे सामाजिक न्याय की धुरी बनाती थी।

3. मानसिक दासता और हीनभावना का बीजारोपण

औपनिवेशिक काल का सबसे घातक प्रभाव **'आत्मबोध'** पर पड़ा। जब किसी समाज को निरंतर यह बताया जाए कि उसका

ज्ञान 'पिछड़ा' है और उसका अतीत 'गौरवहीन' है, तो वह समाज हीनभावना (Inferiority Complex) का शिकार होने लगता है।

- **स्मृति का विलोप:** पीढ़ियों से चली आ रही मौखिक परंपराएँ, गौरव गाथाएँ और दार्शनिक सूत्र औपनिवेशिक शिक्षा-प्रणाली के शोर में दब गए। नई पीढ़ी अपने ही इतिहास को विजेता की दृष्टि से देखने लगी।
- **सांस्कृतिक आघात:** जो कर्तव्य कभी गर्व का विषय था, वह अब सामाजिक संकोच बनने लगा। यह सैन समाज के युवाओं के लिए एक गहरा मनोवैज्ञानिक संकट था, जिसने उन्हें अपनी जड़ों से विमुख करने का प्रयास किया।

4. विखंडित चेतना: पहचान का कृत्रिम विभाजन

ब्रिटिश सत्ता ने 'बाँटो और राज करो' की नीति के तहत भारतीय समाज की आंतरिक एकता को खंडित करने हेतु जातीय विभाजनों को अधिक कठोर और अपरिवर्तनीय बना दिया।

- **विविध नामों का पृथक्करण:** नाई, सैन, सविता, नाभिक, खवास और हज्जाम जैसे विविध नामों को, जो वास्तव में एक ही विराट चेतना के विभिन्न क्षेत्रीय स्वरूप थे, अलग-अलग श्रेणियों में रखकर उनकी **'सामूहिक शक्ति'** को क्षीण किया गया। यह केवल नामों का अंतर नहीं था, बल्कि यह 'भारतीय बोध' की उस एकता पर प्रहार था जो विविधताओं में भी एक सूत्र को देखती थी।

5. प्रतिरोध की अंतर्धारा: सेवा का मौन संकल्प

इतने बड़े सभ्यतागत प्रहार के बावजूद, सैन समाज पूरी तरह निष्क्रिय नहीं हुआ। इस अंधकारमय काल में भी समाज ने अपने मौलिक गुणों—संयम, गोपनीयता, सेवा और सामाजिक उत्तरदायित्व—को जीवित रखा।

- **मौन प्रतिरोध:** भले ही दस्तावेजों में उनकी भूमिका को सीमित कर दिया गया था, किंतु धरातल पर वे समाज की 'धमनी' बने रहे। सूचनाओं के आदान-प्रदान और ग्रामीण समाज की संरचना को थामे रखने का कार्य उन्होंने जारी रखा। यही वह 'मौन संकल्प' था जिसने आगे चलकर स्वतंत्रता आंदोलन में समाज की सक्रिय भागीदारी का मार्ग प्रशस्त किया।

निष्कर्ष

औपनिवेशिक काल सैन समाज के लिए केवल राजनीतिक अधीनता का नहीं, बल्कि '**कागजी वर्गीकरण द्वारा पहचान के ध्वंस**' का काल था। किंतु इतिहास साक्षी है कि जिस समाज की जड़ें सभ्यता की गहराई में हों, उसकी चेतना को पूर्णतः नष्ट करना असंभव है। औपनिवेशिक काल ने सैन समाज को झकझोरा अवश्य, किंतु उसकी सेवा-प्रवृत्ति और ऐतिहासिक स्मृति के बीज सुरक्षित रहे, जो अनुकूल समय पाते ही पुनः 'स्वतंत्रता के अंकुर' बनकर फूटे।

अध्याय–12 : स्वतंत्रता आंदोलन में सैन समाज

भारतीय स्वतंत्रता आंदोलन केवल राजनीतिक सत्ता की पुनर्प्राप्ति का संघर्ष नहीं था; वह एक दीर्घकालीन सामाजिक पुनर्जागरण भी था, जिसमें दबी हुई स्मृतियाँ, उपेक्षित समुदाय और हाशिये पर रखे गए वर्ग पुनः अपनी भूमिका खोजने लगे। औपनिवेशिक काल में जिन समाजों की पहचान को व्यवस्थित रूप से संकुचित किया गया था, स्वतंत्रता आंदोलन ने उन्हें आत्मसम्मान और सहभागिता का नया अवसर प्रदान किया। सैन समाज इस ऐतिहासिक प्रक्रिया का मूक दर्शक नहीं था, बल्कि अपने विशिष्ट ढंग से इस संघर्ष में अंतर्निहित रूप से सक्रिय था।

स्वतंत्रता आंदोलन में सैन समाज की भूमिका केवल वीरता की ही नहीं, बल्कि रणनीतिक और वैचारिक भी रही है। 'भारत बोध' के लिए यह विषय बहुत गहराई रखता है, क्योंकि यह समुदाय समाज के हर वर्ग से सीधे जुड़ा हुआ था, जिससे वे सूचनाओं के आदान-प्रदान और संगठन के गुप्त स्तंभ बने।

1. आध्यात्मिक आधार: संत सेन जी महाराज और सामाजिक चेतना

स्वतंत्रता के बीज बहुत पहले 'भक्ति आंदोलन' में ही बो दिए गए थे। 14वीं शताब्दी के संत शिरोमणि सेन जी महाराज ने जातिवाद और कर्मकांडों का विरोध कर 'मानवतावाद' का संदेश दिया।

- **भारत बोध में योगदान:** उन्होंने सिखाया कि ईश्वर की भक्ति में सब समान हैं। यह वैचारिक स्वतंत्रता ही आगे चलकर राजनीतिक स्वतंत्रता की आधारशिला बनी।

2. 1857 का प्रथम स्वतंत्रता संग्राम: गुप्त संदेशवाहक

1857 की क्रांति में नाई समाज ने एक अद्वितीय भूमिका निभाई। उस समय नाई समुदाय के लोगों की पहुँच राजाओं के महलों से लेकर आम नागरिकों के घरों तक थी।

- **रणनीतिक भूमिका:** वे 'हजामत' बनाने के बहाने एक रियासत से दूसरी रियासत तक क्रांति के गुप्त संदेश पहुँचाते थे। ब्रिटिश अधिकारी उन पर कम ही संदेह करते थे, जिसका लाभ क्रांतिकारियों को मिला।
- **स्थानीय नायक:** कई जिला गजेटियर्स (Gazetteers) में ऐसे नाम दर्ज हैं जिन्हें अंग्रेजों ने विद्रोहियों को सूचनाएँ देने के आरोप में फाँसी दी थी। उदाहरण के तौर पर, लखनऊ और झाँसी के विद्रोहों में सेवा जातियों (Service Castes) के क्रांतिकारियों का विशेष उल्लेख मिलता है।

3. आधुनिक स्वतंत्रता आंदोलन और 'जननायक'

बीसवीं सदी में सैन समाज के युवाओं ने संगठित रूप से आंदोलन में भाग लिया।

- **जननायक कर्पूरी ठाकुर:**

- **1942 का भारत छोड़ो आंदोलन:** कर्पूरी ठाकुर ने अपनी पढ़ाई छोड़ दी और आंदोलन में कूद पड़े। उन्हें गिरफ्तार किया गया और उन्होंने भागलपुर जेल में 26 महीने बिताए।
- **सामाजिक न्याय का भारत बोध:** उन्होंने आजादी के बाद समाज के सबसे निचले पायदान पर खड़े व्यक्ति (अन्त्योदय) के उत्थान को असली 'भारत बोध' माना।

4. संगठनात्मक विकास और राजनीतिक जागृति

1920 और 1930 के दशक में उत्तर भारत में कई 'नाई सभाओं' (Nai Sabhas) का गठन हुआ।

- **समाज सुधार से राष्ट्र सुधार:** इन संगठनों ने पहले समाज में व्याप्त कुरीतियों (जैसे बाल विवाह, निरक्षरता) को खत्म करने का काम किया और फिर अपने सदस्यों को कांग्रेस और समाजवादी आंदोलनों से जुड़ने के लिए प्रेरित किया।
- **सविनय अवज्ञा आंदोलन:** ग्रामीण क्षेत्रों में इस समाज ने विदेशी वस्तुओं के बहिष्कार और नमक कानून तोड़ने में बढ़-चढ़कर हिस्सा लिया।

5. विशेष दृष्टिकोण

- **सूचना का तंत्र (Communication Network):** एक पेशेवर समूह 'राष्ट्रीय नेटवर्क' में बदल गया।
- **सांस्कृतिक राष्ट्रवाद:** सैन समाज के गीतों और लोक कलाओं में देशभक्ति का स्वर।

- **अदृश्य नायक:** उन हजारों गुमनाम बलिदानियों की कहानियाँ जो इतिहास के पन्नों में दब गए, लेकिन जिन्होंने जमीनी स्तर पर अंग्रेजों का प्रतिरोध किया।

निष्कर्ष

सैन समाज का योगदान 'सक्रिय प्रतिरोध' और 'सांस्कृतिक एकता' का मिश्रण है। वे समाज के 'कनेक्टर' थे, जिन्होंने विभिन्न जातियों और वर्गों के बीच राष्ट्रीय भावना को जोड़ने वाले सेतु का कार्य किया।

अध्याय–13 : स्वतंत्र भारत में सैन समाज – संघर्ष से पुनर्निर्माण तक

1947 में राजनीतिक स्वतंत्रता प्राप्त होते ही भारत एक नए युग में प्रवेश करता है। औपनिवेशिक शासन की समाप्ति के साथ यह अपेक्षा भी जन्म लेती है कि सदियों से उपेक्षित समाजों को अब समान अवसर, सम्मान और सहभागिता प्राप्त होगी। किंतु स्वतंत्र भारत का आरंभिक काल जितना आशा से भरा था, उतना ही जटिल और चुनौतीपूर्ण भी। सैन समाज के लिए यह काल दोहरी वास्तविकताओं से युक्त रहा—एक ओर स्वतंत्रता का गर्व, दूसरी ओर सामाजिक-सांस्कृतिक पहचान के प्रश्न।

स्वतंत्र भारत में सैन समाज की यात्रा केवल एक समुदाय का विकास मात्र नहीं है, बल्कि यह स्वतंत्र भारत के सामाजिक न्याय, राजनीतिक चेतना और आर्थिक सशक्तिकरण की एक गाथा है।

1. सामाजिक न्याय का संघर्ष और संवैधानिक अधिकार

आजादी के तुरंत बाद, सैन समाज के सामने सबसे बड़ी चुनौती सदियों से चली आ रही सामाजिक रूढ़ियों और 'अस्पृश्यता' के सूक्ष्म रूपों को तोड़ना था।

- **संवैधानिक सुरक्षा:** संविधान में अनुच्छेद 15 और 17 के माध्यम से मिले अधिकारों ने समाज को एक कानूनी ढाल प्रदान की।
- **पिछड़ा वर्ग आंदोलन:** सैन समाज ने स्वयं को 'अन्य पिछड़ा वर्ग' (OBC) के रूप में संगठित करना शुरू

किया ताकि सरकारी सेवाओं और शिक्षा में आनुपातिक प्रतिनिधित्व मिल सके।

2. राजनीतिक पुनर्निर्माण: जननायक कर्पूरी ठाकुर युग

स्वतंत्र भारत में सैन समाज के 'पुनर्निर्माण' के सबसे बड़े प्रतीक **कर्पूरी ठाकुर** हैं। उन्होंने न केवल इस समाज को, बल्कि पूरे वंचित वर्ग को राजनीतिक स्वर दिया।

- **आरक्षण का 'मुंगेरी लाल' फॉर्मूला:** बिहार के मुख्यमंत्री के रूप में उन्होंने पिछड़ों में भी 'अति पिछड़ा' (EBC) की श्रेणी बनाई, जिससे सैन समाज जैसे समुदायों को पहली बार मुख्यधारा की राजनीति और नौकरियों में वास्तविक जगह मिली।
- **निःशुल्क शिक्षा:** उन्होंने मैट्रिक तक की शिक्षा को निःशुल्क किया, जिसका सबसे अधिक लाभ आर्थिक रूप से पिछड़े सैन समाज के परिवारों को हुआ।

3. आर्थिक रूपांतरण: पारंपरिक कौशल से आधुनिक उद्यमिता

'पुनर्निर्माण' का एक महत्वपूर्ण पहलू आर्थिक बदलाव रहा है। सैन समाज ने अपने पारंपरिक कौशल को आधुनिक युग की जरूरतों के अनुसार ढाला।

- **व्यवसाय का आधुनिकीकरण:** पारंपरिक 'हजामत' की जगह अब 'हेयर स्टाइलिंग' और 'ग्रूमिंग इंडस्ट्री' ने

ले ली है। आज सैन समाज के युवा वैश्विक स्तर के 'ब्यूटी एंड वेलनेस' ब्रांड्स का नेतृत्व कर रहे हैं।

- **प्रतिष्ठा का प्रश्न:** समाज ने अपने पेशे को 'मजबूरी' से 'विशेषज्ञता' (Expertise) में बदल दिया है, जो 'आत्मनिर्भर भारत' के संकल्प का एक हिस्सा है।

4. संगठनात्मक शक्ति: अखिल भारतीय सैन समाज

आजादी के बाद, राष्ट्रीय और प्रांतीय स्तर पर '**अखिल भारतीय सैन समाज**' और अन्य संगठनों का उदय हुआ।

- **उद्देश्य:** इन संगठनों ने केवल राजनीतिक मांगें ही नहीं रखीं, बल्कि **कुरीति उन्मूलन** (जैसे दहेज प्रथा का विरोध) और **सामूहिक विवाह** जैसे आयोजनों के माध्यम से सामाजिक एकता को मजबूत किया।
- **शैक्षिक संस्थान:** समाज के दानदाताओं ने विभिन्न शहरों में सैन छात्रावास और विद्यालय बनवाए, जो सामाजिक पुनर्निर्माण की नींव बने।

5. 'भारत बोध' का दृष्टिकोण

"सैन समाज का स्वतंत्र भारत में विकास इस बात का प्रमाण है कि 'भारत बोध' केवल अतीत का गुणगान नहीं है, बल्कि **लोकतंत्र के माध्यम से अंतिम व्यक्ति का उत्थान** है।"

1. **शहरीकरण का प्रभाव:** शहरीकरण ने सैन समाज की पारंपरिक जजमानी प्रथा को समाप्त किया और उन्हें 'स्वतंत्र उद्यमी' बनाया?

2. **महिला भागीदारी:** सैन समाज की महिलाओं ने आधुनिक शिक्षा और राजनीति (जैसे पंचायत चुनाव) में प्रगति की है?
3. **सांस्कृतिक पहचान:** क्या आधुनिकता की दौड़ में समाज अपनी सांस्कृतिक और आध्यात्मिक पहचान (संत सेन जी की शिक्षाएं) को संजो पाने में सफल रहा है?

अध्याय–14 : राज्य-वार समाज की पहचान – विविध नाम, एक चेतना

भारत की सामाजिक संरचना को यदि किसी एक सूत्र में समझा जाए, तो वह सूत्र है—**विविधता में एकता**। यही सूत्र सैन समाज के इतिहास और वर्तमान में भी प्रतिध्वनित होता है। देश के विभिन्न प्रांतों में यह समाज भिन्न–भिन्न नामों से जाना गया—कहीं *नाई*, कहीं *सैन*, कहीं *सविता*, कहीं *नविक* या *क्षौरकार*—परंतु इन नामों के भीतर प्रवाहित चेतना मूलतः एक ही रही। यह चेतना सेवा, न्याय, शुद्धि और सामाजिक संतुलन की रही है।

इतिहास में नाम बदलते रहे हैं, पर भूमिका नहीं। भौगोलिक परिस्थितियों, स्थानीय भाषाओं और प्रशासनिक वर्गीकरणों ने समाज को अलग-अलग संबोधनों में बाँटा, किंतु लोकस्मृति ने उसे कभी विभाजित नहीं किया। यही कारण है कि राज्य-वार पहचान को समझना, वास्तव में **एक अखिल भारतीय सांस्कृतिक परंपरा** को समझना है।

यह अध्याय '**भारत बोध**' के उस पक्ष को उजागर करेगा जिसे हम 'विविधता में एकता' कहते हैं। भारत के अलग-अलग प्रांतों में सैन समाज को विभिन्न नामों से जाना जाता है, लेकिन उनकी **सांस्कृतिक भूमिका, सामाजिक सरोकार और आध्यात्मिक चेतना** पूरे देश में एक समान है।

नीचे राज्य-वार सैन समाज की पहचान और उनके विविध नामों की एक विस्तृत रूपरेखा दी गई है:

राज्य-वार पहचान: विविध नाम, एक सूत्र

क्षेत्र / राज्य	प्रचलित नाम (Surnames / Identifiers)	सांस्कृतिक विशेषता
उत्तर भारत (UP, बिहार, हरियाणा)	**सैन, ठाकुर, सविता, वर्मा, शर्मा, नाई**	यहाँ इन्हें 'ठाकुर' या 'सविता' (सूर्य का प्रतीक) कहकर सम्मानित किया जाता है।
राजस्थान	**सेन, सैन, वैद**	राजस्थान में सैन समाज को औषधीय ज्ञान (वैद्य) के लिए भी जाना जाता रहा है।
महाराष्ट्र	**न्हावी (Nhavi)**	संत चोखामेला के काल से ही महाराष्ट्र में न्हावी समाज का आध्यात्मिक प्रभाव रहा है।
गुजरात	**वाणंद (Valand), लिंबाचिया (Limbachiya)**	गुजरात में 'लिंबाचिया' कुल देवी लिंबाच माता के नाम पर एक प्रमुख पहचान है।
दक्षिण भारत (कर्नाटक,	**नयी-ब्राह्मण (Nayee-**	यहाँ इन्हें संगीत (नादस्वरम) और पारंपरिक

क्षेत्र / राज्य	प्रचलित नाम (Surnames / Identifiers)	सांस्कृतिक विशेषता
आंध्र, तेलंगाना)	**Brahmin), धनवंतरी**	चिकित्सा के कारण 'ब्राह्मण' या 'वैद्य' का दर्जा प्राप्त है।
पश्चिम बंगाल	**नापित (Napit), प्रामाणिक (Pramanik)**	बंगाल में 'प्रामाणिक' शब्द सामाजिक प्रतिष्ठा और पंचायत प्रमुखता का प्रतीक है।
पंजाब	**सैन, नाई**	यहाँ सैन समाज सिख और हिंदू दोनों परंपराओं में गहराई से रचा-बसा है।
ओडिशा	**बारीक (Barika)**	जगन्नाथ संस्कृति में 'बारीक' समाज की सेवा अनिवार्य और अत्यंत पवित्र मानी जाती है।
तमिलनाडु	**अम्बट्टन (Ambattan), मरुथुवर (Maruthuvar)**	'मरुथुवर' का अर्थ है 'चिकित्सक', जो इनके पारंपरिक

क्षेत्र / राज्य	प्रचलित नाम (Surnames / Identifiers)	सांस्कृतिक विशेषता
		औषधीय ज्ञान को दर्शाता है।

'एक चेतना' के आधारभूत स्तंभ

नाम अलग होने के बावजूद, पूरे भारत में सैन समाज को जो सूत्र एक करता है, वे आपके शोध के मुख्य बिंदु हो सकते हैं:

1. आध्यात्मिक केंद्र: संत सेन जी महाराज

चाहे उत्तर का 'सविता' हो या दक्षिण का 'नयी-ब्राह्मण', सबके आराध्य **संत शिरोमणि सेन जी महाराज** हैं। उनकी शिक्षाएं पूरे भारत के सैन समाज को एक वैचारिक मंच पर लाती हैं।

2. संस्कारों के संरक्षक (Custodians of Rituals)

भारत बोध का एक बड़ा हिस्सा हमारे 'संस्कार' (जन्म, मुंडन, विवाह, मृत्यु) हैं। पूरे भारत में सैन समाज इन संस्कारों का **अनिवार्य अंग** है। उनके बिना कोई भी सामाजिक अनुष्ठान पूर्ण नहीं माना जाता, जो उनकी 'अपरिहार्यता' को सिद्ध करता है।

3. 'वैद्य' परंपरा और स्वास्थ्य चेतना

प्राचीन काल से ही यह समाज केवल केश-शिल्पी नहीं, बल्कि **प्राथमिक चिकित्सक** रहा है। दक्षिण में 'मरुथुवर' और उत्तर

में 'वैद्य' की उपाधि इस बात का प्रमाण है कि यह समाज भारत की पारंपरिक स्वास्थ्य पद्धति (आयुर्वेद) का संवाहक रहा है।

4. संदेशवाहक और रणनीतिकार

इतिहास में ये समाज **'मध्यस्थ' (Mediator)** की भूमिका में रहा है। विवाह के रिश्ते तय करने से लेकर युद्ध के समय गुप्तचर की भूमिका तक, इन्होंने समाज को जोड़ने का काम किया है।

इस अध्याय का सार यही है कि — **नाम बदलते रहे, भूगोल बदलता रहा, पर सैन समाज की चेतना नहीं बदली।** यही चेतना इस ग्रंथ की आत्मा है और यही आने वाली पीढ़ियों के लिए आत्मगौरव का आधार बनेगी।

अध्याय–15 : हरियाणा–राजस्थान में सैन समाज के आंतरिक सामाजिक भेद

"गोला" और "भणभेरू": ऐतिहासिक स्मृति, सामाजिक अर्थ और शोध–सीमाएँ

भारतीय सामाजिक इतिहास की यह विशेषता रही है कि वह केवल राजकीय दस्तावेजों में नहीं, बल्कि लोक-स्मृति और व्यवहारगत सूक्ष्मताओं में जीवित रहता है। हरियाणा और राजस्थान के सामाजिक भूगोल में सैन समाज के भीतर प्रचलित "गोला" और "भणभेरू" जैसे वर्गीकरण इसी सूक्ष्म इतिहास के जीवंत अवशेष हैं। यह अध्याय उन सामाजिक-कार्यात्मक भेदों का विश्लेषण करता है जिन्होंने सदियों तक समुदाय के आंतरिक विमर्श को दिशा दी।

1. शब्दावली और ऐतिहासिक संदर्भ

इन दोनों वर्गों के उद्भव और पहचान के पीछे मध्यकालीन सत्ता संरचना और भौगोलिक प्रवासन (Migration) के गहरे संकेत मिलते हैं।

- **गोला (Gola):** राजस्थान के ऐतिहासिक संदर्भ में 'गोला' शब्द का प्रयोग उन समूहों के लिए होता था जिनका राजाओं, सामंतों या जागीरदारों के साथ प्रत्यक्ष सेवा-संबंध था। सैन समाज के संदर्भ में, वे परिवार जो पीढ़ियों तक किलों (गढ़ों) या महलों की व्यक्तिगत सेवा (Personal Attendants) में संलग्न रहे, 'गोला सैन'

कहलाए। उनकी प्रतिष्ठा 'सत्ता की समीपता' और 'राजकीय विश्वास' पर टिकी थी।

- **भणभेरू (Bhanbheru):** इस शब्द की व्युत्पत्ति को लेकर विविध मत हैं। एक प्रबल भाषाई अनुमान इसे **'वन-विहारु'** (घुमंतू या बाहरी क्षेत्रों से आने वाले) का अपभ्रंश मानता है। सामाजिक रूप से, ये वे परिवार थे जो गाँवों और कस्बों की सामान्य जनता (किसानों व पशुपालकों) की सेवा करते थे। वे अपनी स्वायत्तता और 'रक्त की शुद्धता' के प्रति अधिक सजग थे।

2. सामाजिक संरचना और तुलनात्मक विश्लेषण

ऐतिहासिक रूप से इन दोनों समूहों के बीच एक स्पष्ट विभाजक रेखा थी, जो मुख्यतः सेवा-क्षेत्र और प्रवासन पर आधारित थी।

तुलनात्मक बिंदु	**गोला (Gola)**	**भणभेरू (Bhanbheru)**
कार्यक्षेत्र	राजसी महल, हवेलियाँ और जागीरदार।	ग्रामीण समाज, कृषक वर्ग और कस्बे।

तुलनात्मक बिंदु	गोला (Gola)	भणभेरू (Bhanbheru)
प्रतिष्ठा का आधार	सत्ता से निकटता और अटूट विश्वास।	स्वतंत्र इतिहास और 'रक्त की शुचिता' का दावा।
व्यावसायिक प्रकृति	स्थिर और संस्थागत सेवा।	गतिशील और सार्वजनिक सेवा।
वैवाहिक संबंध	ऐतिहासिक रूप से केवल गोला परिवारों में।	ऐतिहासिक रूप से केवल भणभेरू परिवारों में।

3. व्यावसायिक चेतना के आद्य स्तंभ

यह समझना आवश्यक है कि ये विभाजन केवल 'वर्ग' नहीं थे, बल्कि सैन समाज की **'मूल व्यावसायिक चेतना'** के दो अलग-अलग आयाम थे।

- **भणभेरू और भैरव उपासना:** लोकस्मृति में इस समूह का संबंध शरीर-शुद्धि की उन प्राचीन विधियों से माना गया है जिनमें चिकित्सकीय लेपों और जड़ी-बूटियों का प्रयोग होता था।

- **गोला और संरक्षण:** गोला परंपरा ने सैन समाज की उस भूमिका को जीवित रखा जहाँ 'गोपनीयता' और 'समर्पण' सर्वोपरि थे। 'पूरबगोला' जैसे उपनाम उनके भौगोलिक विस्तार और ऐतिहासिक यात्रा के साक्ष्य हैं।

4. आधुनिकता और एकीकरण: संकीर्णता से व्यापकता की ओर

पिछले 30-40 वर्षों में 'भारत बोध' और आधुनिक शिक्षा के प्रसार ने इन आंतरिक भेदों को लगभग समाप्त कर दिया है।

- **आंतरिक सुधार:** शिक्षा, शहरीकरण और व्यावसायिक विविधता के कारण अब 'गोला' और 'भणभेरू' के बीच 'रोटी-बेटी' के संबंध सामान्य हो चुके हैं।

- **साझा पहचान:** नई पीढ़ी इन विभाजनों के बजाय स्वयं को 'सैन', 'सविता' या 'ठाकुर' के रूप में पहचानना पसंद करती है। यह इस समाज की **'सामाजिक परिपक्वता'** का प्रतीक है।

5. शोध की सीमाएँ और चुनौतियाँ

इस विषय पर शोध करते समय ऐतिहासिक साक्ष्यों की अपनी सीमाएँ रही हैं:

1. **लिखित अभिलेखों का अभाव:** इन विभाजनों का उल्लेख राजकीय गजेटियरों में नगण्य है। अधिकांश

जानकारी 'भाटों की पोथियों' और मौखिक परंपराओं पर आधारित है।

2. **भाषाई विविधता:** मारवाड़, शेखावाटी और हरियाणा के अहीरवाल क्षेत्रों में इन शब्दों के अर्थ और स्वीकार्यता में सूक्ष्म अंतर मिलते हैं।

3. **सामाजिक संकोच:** आधुनिक संदर्भों में 'गोला' जैसे शब्दों के प्रयोग को कुछ क्षेत्रों में अपमानजनक माना जाता है, जिससे शोध हेतु सटीक जानकारी जुटाना चुनौतीपूर्ण होता है।

निष्कर्ष

"गोला" और "भणभेरू" केवल सामाजिक उपवर्ग नहीं, बल्कि सैन समाज के उस संघर्ष और विकास की गाथा हैं, जिसने सेवा को धर्म और कौशल को सम्मान का आधार बनाया। इन समूहों की स्मृतियाँ यह स्मरण कराती हैं कि सैन समाज का गौरव किसी कृत्रिम विभाजन में नहीं, बल्कि उस सामूहिक सेवा-भाव में निहित है जिसने भारतीय सामाजिक जीवन को सदियों तक संतुलित रखा। आज इन भेदों का विलोपन सैन समाज के **'आत्म-निर्माण'** और **'सामाजिक एकता'** की दिशा में एक बड़ा कदम है।

अध्याय–16 : नाम, वंश और भूगोल – सैन समाज की आंतरिक संरचना

भारतीय समाज की सबसे बड़ी विशेषता उसकी आंतरिक विविधता रही है। एक ही समुदाय, समय और भूगोल के साथ अपने नाम, पहचान और सामाजिक विन्यास में परिवर्तन करता रहा है। नाई/सेन/सविता समाज भी इस ऐतिहासिक प्रक्रिया से अछूता नहीं रहा। देश के विभिन्न क्षेत्रों में इस समाज को भिन्न–भिन्न नामों से जाना गया, किंतु इन सभी नामों के भीतर एक साझा चेतना, एक समान कर्म परंपरा और एक ऐतिहासिक स्मृति प्रवाहित होती रही।

सैन समाज की आंतरिक संरचना केवल जातिगत पहचान नहीं है, बल्कि यह एक जटिल **सामाजिक-जैविक (Socio-biological)** तंत्र है।

1. नाम, वंश और भूगोल: त्रिकोणीय संरचना

सैन समाज की पहचान इन तीन स्तंभों पर टिकी है, जो इसे भारत के सामाजिक मानचित्र पर स्थान दिलाते हैं।

A. नाम (Nomenclature)

समाज के विभिन्न नाम उनकी भूमिकाओं और युगों के साथ उनके क्रमिक विकास को दर्शाते हैं:

- **सविता/सेन:** आध्यात्मिक और दार्शनिक पहचान।

- **ठाकुर/वर्मा/शर्मा:** क्षेत्रीय प्रतिष्ठा और वर्ण-संकरण के प्रभाव।
- **खवास/बारीक:** राजसी सेवा और जगन्नाथ संस्कृति से जुड़ाव।

B. वंश (Lineage/Vansh)

सैन समाज स्वयं को मुख्य रूप से **सूर्यवंश** से जोड़ता है (यही कारण है कि 'सविता' नाम प्रचलित है)।

- **ऋषि परंपरा:** कई उप-शाखाएं स्वयं को पौराणिक ऋषियों के गोत्रों से जोड़ती हैं।
- **सेन प्रवर:** संत सेन जी महाराज के बाद, 'सेन' एक आध्यात्मिक वंश के रूप में उभरा जिसने पूरे भारत के सैन समाज को एक सूत्र में पिरोया।

C. भूगोल (Geography)

भौगोलिक स्थिति समाज की उप-जातियों और रीति-रिवाजों को निर्धारित करती है।

- **मैदानी क्षेत्र (हरियाणा-UP):** यहाँ कृषि प्रधान समुदायों के साथ गहरे संबंध हैं।
- **मरुस्थलीय क्षेत्र (राजस्थान):** यहाँ 'गोला' और 'भणभेरू' जैसे विभाजन अधिक स्पष्ट रहे हैं।
- **तटीय क्षेत्र (ओडिशा-आंध्र):** यहाँ समाज का जुड़ाव मंदिरों और शास्त्रीय संगीत से अधिक है।

2. शादी में तीन पीढ़ी गोत्र-परिहार का नियम

सैन समाज (विशेषकर उत्तर भारत में) में विवाह के समय **'तीन गोत्र'** टालने का नियम अत्यंत कठोरता से पालन किया जाता है। यह नियम न केवल सामाजिक मर्यादा है, बल्कि इसके पीछे गहरा **अनुवांशिक (Genetic)** विज्ञान भी है।

किन तीन गोत्रों को टाला जाता है?

विवाह के लिए लड़के और लड़की के पक्षों के बीच निम्नलिखित तीन श्रेणियों के गोत्रों का मिलन वर्जित है:

1. **स्वयं का गोत्र (पितृ पक्ष):** दादा और पिता का गोत्र। इसे 'सगोत्र' विवाह माना जाता है, जो भाई-बहन के समान वर्जित है।
2. **माता का गोत्र (ननिहाल):** माँ के पिता (नाना) का गोत्र। माना जाता है कि माँ का रक्त और संस्कार संतान में आधे होते हैं, अतः उस वंश में विवाह वर्जित है।
3. **दादी का गोत्र (पितृ-ननिहाल):** पिता की माता (दादी) के पिता का गोत्र।

नियम का वैज्ञानिक और सामाजिक महत्व (Research Angle)

- **इनब्रीडिंग डिप्रेशन (Inbreeding Depression) से बचाव:** आधुनिक विज्ञान भी मानता है कि निकट संबंधियों में विवाह से अनुवांशिक बीमारियाँ बढ़ती हैं। तीन पीढ़ी का अंतर इस जोखिम को न्यूनतम कर देता है।

- **सामाजिक विस्तार:** इस नियम के कारण सैन समाज का एक परिवार दूसरे दूरस्थ परिवारों से जुड़ता है, जिससे समाज का 'नेटवर्क' व्यापक होता है।
- **शुद्धता की स्मृति:** यह नियम दर्शाता है कि समाज अपनी वंशावली की याददाश्त (Memory) को तीन-चार पीढ़ियों तक जीवित रखता है।

3. शोध-सीमाएँ और क्षेत्रीय बदलाव

यहाँ कुछ चुनौतियाँ और अवलोकन दिए जा रहे हैं:

- **चार गोत्र का नियम:** कुछ क्षेत्रों (जैसे पश्चिमी उत्तर प्रदेश और कुछ जाट-प्रभावित क्षेत्रों में रहने वाले सैन) में **चार गोत्र** (दादी और नानी दोनों के पक्ष) टालने का भी चलन है।
- **शहरीकरण का प्रभाव:** बड़े शहरों में अब केवल 'स्व-गोत्र' टालने की प्रवृत्ति बढ़ रही है। क्या यह 'भारत बोध' के पारंपरिक विज्ञान का क्षरण है? यह एक महत्वपूर्ण प्रश्न हो सकता है।
- **दक्षिण बनाम उत्तर:** दक्षिण भारत के सैन समाज में कुछ समुदायों में 'मामा-भांजी' या निकट संबंधों में विवाह की अनुमति है (Consanguineous marriage)। यह उत्तर भारत के 'गोत्र-परिहार' नियम के ठीक विपरीत है। भूगोल कैसे परंपरा को बदल देता है, इसका यह बेहतरीन उदाहरण है।

अध्याय–17 : सैन समाज के प्रतिष्ठित व्यक्तित्व – स्मृति से वर्तमान तक

किसी समाज का इतिहास केवल घटनाओं से नहीं बनता, वह **व्यक्तित्वों से आकार लेता है**। वे व्यक्तित्व, जो अपने समय में केवल अपना जीवन नहीं जीते, बल्कि समाज की दिशा, चेतना और आत्मसम्मान को भी गढ़ते हैं।

सैन समाज का इतिहास भी ऐसे ही व्यक्तित्वों की परंपरा से समृद्ध रहा है। यह परंपरा किसी एक युग, किसी एक क्षेत्र या किसी एक पेशे तक सीमित नहीं रही। इसमें संत भी हैं, शासक भी, सेवक भी, विद्वान भी, कलाकार भी और आधुनिक युग के प्रशासक, राजनेता तथा रचनाकार भी।

इन सभी को जोड़ने वाला सूत्र एक ही है—**सेवा में गरिमा, सत्ता में न्याय और जीवन में संयम।**

प्रेरणा का प्रवाह : अतीत से भविष्य तक

इस अध्याय का उद्देश्य किसी व्यक्ति-विशेष को महिमा मंडित करना नहीं, बल्कि यह दिखाना है कि सैन समाज की शक्ति उसकी **निरंतरता** में है। स्मृति से वर्तमान तक फैला यह प्रवाह यह सिखाता है कि हर युग में समाज ने अपने समय के अनुरूप नेतृत्व, सेवा और प्रतिभा को जन्म दिया है।

आज का युवा जब इन व्यक्तित्वों को पढ़ता है, तो वह केवल नाम नहीं पढ़ता—वह अपने भीतर एक प्रश्न जाग्रत करता है: **"मैं इस परंपरा को आगे कैसे बढ़ाऊँ?"**

यही इस अध्याय की सफलता है।

सैन समाज के प्रतिष्ठित व्यक्तित्वों का इतिहास और उनकी वर्तमान उपलब्धियाँ **'भारत बोध'** के उस पक्ष को उजागर करती हैं जहाँ व्यक्ति अपने कर्म और प्रतिभा से न केवल अपने समाज का, बल्कि पूरे राष्ट्र का गौरव बढ़ाता है।

1. आध्यात्मिक स्तंभ: स्मृति के शाश्वत प्रतीक

संत शिरोमणि सैन जी महाराज (14वीं शताब्दी)

- **योगदान:** वे भक्ति आंदोलन के प्रमुख स्तंभ थे। उनकी शिक्षाओं ने ऊंच-नीच के भेदभाव को मिटाकर 'मानवता' को सर्वोपरि रखा।
- **भारत बोध में स्थान:** उनके पद **'गुरु ग्रंथ साहिब'** में संकलित हैं, जो इस बात का प्रमाण है कि उनकी आध्यात्मिक चेतना क्षेत्रीय सीमाओं को पार कर अखिल भारतीय बन गई थी।

2. ऐतिहासिक नायक: वीरता और निष्ठा की गाथा

जीवा महाला (Chhatrapati Shivaji's Aide)

- **ऐतिहासिक संदर्भ:** छत्रपति शिवाजी महाराज के अत्यंत विश्वसनीय अंगरक्षक। प्रतापगढ़ के युद्ध में जब अफजल खान ने शिवाजी पर हमला किया, तब जीवा महाला ने अपनी फुर्ती और वीरता से शिवाजी के प्राण बचाए थे।

- **कहावत:** आज भी महाराष्ट्र में कहा जाता है— *"होते जीवा म्हणून वाचले शिवा"* (जीवा थे, इसलिए शिवा बच गए)। यह सैन समाज की राष्ट्र के प्रति अडिग निष्ठा का प्रतीक है।

1857 के अनाम नायक

- **भूमिका:** कई क्षेत्रीय इतिहासों में ऐसे नाई परिवारों का उल्लेख है जिन्होंने क्रांतिकारियों के लिए गुप्तचर (Spy) और संदेशवाहक का कार्य किया। झाँसी की रानी और तात्या टोपे के अभियानों में उनकी भूमिका 'अदृश्य शक्ति' की तरह थी।

3. राजनीतिक शिखर: आधुनिक भारत के निर्माता

जननायक कर्पूरी ठाकुर (भारत रत्न)

- **योगदान:** बिहार के दो बार मुख्यमंत्री रहे। उन्होंने राजनीति को 'ड्राइंग रूम' से निकालकर गरीब की झोपड़ी तक पहुँचाया।
- **उपलब्धि:** उन्हें मरणोपरांत **'भारत रत्न' (2024)** से सम्मानित किया गया, जो पूरे सैन समाज की राजनीतिक तपस्या का सर्वोच्च सम्मान है। उन्होंने 'सामाजिक न्याय' की नई परिभाषा गढ़ी।

प्रमुख समकालीन राजनेता

- **नंद किशोर यादव (बिहार):** वर्तमान में बिहार विधानसभा के अध्यक्ष और वरिष्ठ राजनेता।

- **डॉ. लक्ष्मण सिंह यादव (उत्तर प्रदेश):** समाज के अधिकारों के लिए मुखर स्वर।
- देश के विभिन्न राज्यों में विधानसभा और संसद में इस समाज के प्रतिनिधि अपनी सशक्त उपस्थिति दर्ज करा रहे हैं।

4. कला, संस्कृति और उद्यमिता: आधुनिक पहचान

संगीत और कला (दक्षिण भारत का विशेष योगदान)

- **नयी-ब्राह्मण कलाकार:** दक्षिण भारत में **नादस्वरम** (एक वाद्य यंत्र) के उस्तादों में सैन समाज का दबदबा रहा है। **तिरुविझिमिललाई भ्राता** जैसे कलाकारों ने कर्नाटक संगीत में अमूल्य योगदान दिया है।

जॉवेद हबीब (Jawed Habib)

- **आधुनिक चेहरा:** उन्होंने पूर्वजों के पारंपरिक पेशे को एक वैश्विक 'ब्रांड' और 'इंडस्ट्री' में बदल दिया। उन्होंने भारत में 'ग्रूमिंग और हेयर स्टाइलिंग' को एक सम्मानित करियर के रूप में स्थापित किया।

5. व्यक्तित्वों की सूची (Quick Reference Table)

व्यक्तित्व	क्षेत्र	मुख्य प्रभाव
भगत सैन जी	अध्यात्म	सामाजिक समरसता और भक्ति मार्ग।

व्यक्तित्व	क्षेत्र	मुख्य प्रभाव
जीवा महाला	सैन्य/वीरता	स्वराज की स्थापना में सहयोग।
कर्पूरी ठाकुर	राजनीति	अति-पिछड़ों का सशक्तिकरण और आरक्षण मॉडल।
सविता अंबेडकर	सामाजिक/व्यक्तिगत	डॉ. बी.आर. अंबेडकर की जीवन संगिनी (वे भी इसी समाज की चेतना से जुड़ी थीं)।
डॉ. आर. के. सैन	शिक्षा/कानून	दिल्ली उच्च न्यायालय और कानूनी क्षेत्र में सक्रियता।

अध्याय–18 : आज की चुनौतियाँ और कल की दिशा – आत्मगौरव से आत्मनिर्माण तक

इतिहास केवल अतीत की स्मृति नहीं होता; वह वर्तमान की चेतना और भविष्य की दिशा का आधार होता है। जिस समाज ने अपने अतीत को समझ लिया, वह वर्तमान में भटकता नहीं और भविष्य को अंधकारमय नहीं होने देता। सैन समाज के समक्ष आज जो चुनौतियाँ उपस्थित हैं, वे किसी एक काल की देन नहीं हैं, बल्कि एक दीर्घ ऐतिहासिक प्रक्रिया का परिणाम हैं, जिसमें सामाजिक संरचनाओं का विघटन, औपनिवेशिक प्रभाव, आधुनिक आर्थिक दबाव और सांस्कृतिक विस्मृति—सभी ने मिलकर समाज की आत्मछवि को प्रभावित किया है।

स्वतंत्र भारत में प्रवेश करते समय सैन समाज एक ऐसे मोड़ पर खड़ा था, जहाँ उसके पास गौरवशाली अतीत की स्मृतियाँ तो थीं, पर उन्हें व्यक्त करने की भाषा, संरचना और मंच क्रमशः कमजोर होते जा रहे थे। परंपरागत भूमिकाएँ—जो कभी समाज की केंद्रीय आवश्यकता थीं—आधुनिक राज्य-व्यवस्था और संस्था गत ढाँचों में सीमित कर दी गईं। न्याय, चिकित्सा, संवाद और संस्कार से जुड़ी वे भूमिकाएँ, जिनके माध्यम से नाई समाज ने सदियों तक सामाजिक संतुलन बनाए रखा था, अब औपचारिक संस्थाओं द्वारा ग्रहण कर ली गईं। इस परिवर्तन ने सुविधा तो दी, पर साथ ही समाज की पहचान को भी धुंधला किया।

1. समकालीन चुनौतियाँ (Current Challenges)

आज का सैन समाज एक संक्रमण काल (Transition Period) से गुजर रहा है। यहाँ कुछ प्रमुख चुनौतियाँ हैं:

- **राजनीतिक प्रतिनिधित्व की कमी:** जननायक कर्पूरी ठाकुर के बाद राष्ट्रीय स्तर पर एक बड़े नेतृत्व का रिक्त स्थान। जनसंख्या के अनुपात में राजनीतिक भागीदारी अभी भी अपर्याप्त है।
- **आर्थिक वैश्वीकरण और 'कॉर्पोरेट' प्रहार:** पारंपरिक हेयर-कटिंग सैलून का स्थान अब बड़े अंतरराष्ट्रीय ब्रांड्स और चेन-सैलून ले रहे हैं। छोटे उद्यमियों के पास पूंजी और आधुनिक मार्केटिंग कौशल का अभाव एक बड़ी चुनौती है।
- **आंतरिक बिखराव:** क्षेत्रीय और उप-जातिगत भेदों (जैसे गोला-भणभेरू या उत्तर-दक्षिण का अंतर) के कारण एक एकीकृत 'नेशनल वोट बैंक' या 'प्रेशर ग्रुप' के रूप में उभरने में बाधा।
- **शैक्षिक अंतराल:** शहरी क्षेत्रों में प्रगति के बावजूद, ग्रामीण इलाकों में उच्च शिक्षा और तकनीकी कौशल की कमी।

2. कल की दिशा: आत्मनिर्माण के चार स्तंभ (Four Pillars of Self-Construction)

भविष्य की दिशा तय करने के लिए समाज को इन चार क्षेत्रों में कार्य करने की आवश्यकता है:

क. शैक्षिक उत्कृष्टता (Educational Excellence)

केवल साक्षरता नहीं, बल्कि सिविल सेवा, चिकित्सा, इंजीनियरिंग और अनुसंधान में शीर्ष स्थान प्राप्त करना।

- **सुझाव:** समाज द्वारा जिला स्तर पर 'कोचिंग सेंटर्स' और 'छात्रावासों' का निर्माण।

ख. कौशल उन्नयन और उद्यमिता (Skill Upgradation & Entrepreneurship)

अपने पारंपरिक पेशे को 'श्रम' (Labour) से बदलकर 'लक्ज़री और वेलनेस' (Luxury & Wellness) में बदलना।

- **लक्ष्य:** सैन समाज के युवा केवल कर्मचारी न बनें, बल्कि बड़े सैलून चेन के 'मालिक' बनें।

ग. वैचारिक और सांस्कृतिक सुदृढ़ीकरण

संत सेन जी महाराज की शिक्षाओं और कर्पूरी ठाकुर के सामाजिक न्याय के सिद्धांतों को आधुनिक पीढ़ी तक पहुँचाना।

- **सांस्कृतिक चेतना:** अपनी जड़ों से जुड़े रहकर आधुनिकता को अपनाना।

घ. डिजिटल एकत्रीकरण (Digital Integration)

एक राष्ट्रव्यापी डिजिटल डेटाबेस का निर्माण, जहाँ राज्य-वार विविधताओं के बावजूद पूरा समाज एक 'डिजिटल कम्युनिटी' के रूप में जुड़ा हो।

3. आत्मगौरव से आत्मनिर्माण तक की यात्रा (The Journey)

चरण (Phase)	आधार (Basis)	क्रिया (Action)
आत्मगौरव (Self-Pride)	इतिहास, संत सेन जी, जीवा महाला, कर्पूरी ठाकुर।	अपनी विरासत को जानना और उस पर गर्व करना।
आत्मबोध (Self-Awareness)	वर्तमान स्थिति का निष्पक्ष विश्लेषण।	अपनी कमियों और सामर्थ्य को पहचानना।
आत्मपरिष्कार (Self-Refinement)	सामाजिक कुरीतियों (दहेज, नशा) का त्याग।	समाज के आंतरिक ढांचे को मजबूत करना।
आत्मनिर्माण (Self-Construction)	शिक्षा, राजनीति और व्यापार में नेतृत्व।	राष्ट्र निर्माण में अग्रणी भूमिका निभाना।

4. निष्कर्ष: 'भारत बोध' में सैन समाज की परिणति

"सैन समाज का 'आत्मनिर्माण' केवल एक जाति का उत्थान नहीं है, बल्कि यह भारत के उस लोकतांत्रिक सपने का सच होना है, जहाँ अंतिम पायदान पर खड़ा व्यक्ति भी राष्ट्र की मुख्यधारा का नेतृत्व करता है।"

अध्याय–19 : नारायणी माता और सैन समाज की सामूहिक धार्मिक चेतना

(आस्था, अस्मिता और सामाजिक संगठन का त्रिवेणी-संगम)

भारतीय समाज की जीवंत परंपराओं में देवी-उपासना केवल व्यक्तिगत मुक्ति का मार्ग नहीं रही है, बल्कि यह समुदायों की ऐतिहासिक स्मृति, सामाजिक संगठन और सामूहिक आत्मबोध का आधार रही है। सैन समाज के संदर्भ में **नारायणी माता** केवल एक 'कुलदेवी' नहीं हैं, बल्कि वे उस सामूहिक चेतना की अधिष्ठात्री हैं जिसने इस समाज को एक सूत्र में पिरोया है। उनकी उपासना लोक-आस्था, सामुदायिक एकता और सामाजिक उत्तरदायित्व का एक जीवंत उदाहरण है।

1. ऐतिहासिक एवं आध्यात्मिक पृष्ठभूमि

नारायणी माता का इतिहास 11वीं शताब्दी (विक्रम संवत 1058) की सामाजिक और सांस्कृतिक परिस्थितियों से जुड़ा है।

- **मूल परिचय:** राजस्थान के अलवर जिले के मोरा (राजगढ़) गाँव में श्री मल्लेश्वर जी सैन के घर जन्मी माता नारायणी का विवाह झुंझुनूं के श्री गणेश जी के साथ हुआ था।

- **सतीत्व और शक्ति का प्रतीक:** लोककथा के अनुसार, ससुराल जाते समय मार्ग में (बरवा डूंगरी) उनके पति की सर्पदंश से मृत्यु हो गई। नारायणी माता

ने अपने सतीत्व और तपोबल से अग्नि प्रज्वलित की। उनके इस त्याग ने उन्हें एक साधारण स्त्री से 'लोक-देवी' के रूप में रूपांतरित कर दिया।

- **नारायणी धारा:** माना जाता है कि उनकी शक्ति से वहाँ जल की एक अखंड धारा प्रवाहित हुई, जो आज भी 'नारायणी धारा' के रूप में भक्तों की प्यास बुझाती है और पवित्रता का संचार करती है।

2. सामूहिक चेतना का केंद्र: 'सांस्कृतिक संसद'

नारायणी माता का धाम सैन समाज के लिए केवल एक पूजा-स्थल नहीं, बल्कि एक ऐसा मंच है जहाँ समाज अपनी दिशा तय करता है।

- **आंतरिक भेदों का विलीनीकरण:** जैसा कि पूर्व अध्यायों में 'गोला' और 'भणभेरू' जैसे विभाजनों की चर्चा की गई है, नारायणी माता का दरबार वह स्थान है जहाँ ये सभी सूक्ष्म भेद समाप्त हो जाते हैं। यहाँ हर भक्त स्वयं को केवल 'सैन' मानता है।

- **वार्षिक मेला (वैशाख शुक्ल एकादशी):** अलवर में भरने वाला माता का मेला सैन समाज के लिए 'शक्ति प्रदर्शन' और 'सामाजिक मिलन' का सबसे बड़ा अवसर है। यहाँ होने वाले सामाजिक सम्मेलन समाज की कुरीतियों को दूर करने और भविष्य की रणनीति बनाने का कार्य करते हैं।

3. संस्थागत स्वरूप और सामाजिक सहभागिता

नारायणी माता की उपासना ने समय के साथ एक सुदृढ़ संस्थागत ढाँचा प्राप्त किया है।

- **सामूहिक अंशदान की परंपरा:** समाज के प्रत्येक परिवार से, उनकी आर्थिक स्थिति के परे, समान योगदान (चंदा) लेने की परंपरा अत्यंत विशिष्ट है। यह व्यवस्था किसी 'धार्मिक कर' के समान नहीं, बल्कि सामूहिक उत्तरदायित्व का प्रतीक है।

- **ट्रस्ट और जनकल्याण:** मंदिरों के साथ जुड़ी समितियाँ और ट्रस्ट प्राप्त धनराशि का उपयोग धर्मशालाओं, शिक्षा केंद्रों और स्वास्थ्य सुविधाओं के निर्माण में करते हैं। यहाँ देवी-पूजा और सामाजिक कल्याण के बीच कोई विभाजन नहीं रह जाता; दोनों एक-दूसरे के पूरक बन जाते हैं।

4. संघर्ष, स्वाभिमान और आधुनिक अनुकूलन

नारायणी माता का प्रसंग समाज के संघर्ष और उसकी परिवर्तनशील सोच को भी दर्शाता है:

- **प्रबंधन का संघर्ष:** मंदिर के प्रबंधन को लेकर सैन समाज की एकजुटता (Collective Mobilization) ने समुदाय के भीतर राजनीतिक और सामाजिक चेतना को जागृत किया है।

- **परंपरा और आधुनिक कानून:** 1987 के सती निवारण अधिनियम के बाद, समाज ने 'सती' की अवधारणा को 'शक्ति' और 'लोक-संरक्षिका' के रूप

में पुनर्रेखांकित किया। यह दर्शाता है कि सैन समाज अपनी परंपराओं को आधुनिक वैधानिक ढाँचे के साथ सामंजस्य बैठाते हुए जीवित रखने में सक्षम है।

5. 'भारत बोध' के साथ एकात्मता

नारायणी माता की चेतना भारत की उस वृहद् सांस्कृतिक विरासत का हिस्सा है जो किताबी इतिहास से कहीं अधिक गहरी है:

- **नारी शक्ति का उत्कर्ष:** 'भारत बोध' में स्त्री को शक्ति का रूप माना गया है, और नारायणी माता उसी नारी-शक्ति के गौरव का जीवंत उदाहरण हैं।
- **प्रवासन का इतिहास:** अलवर से शुरू होकर इस पूजा का हरियाणा, दिल्ली, पंजाब और मध्य प्रदेश तक फैलना, सैन समाज के ऐतिहासिक प्रवासन (Migration) और उसकी सांस्कृतिक जड़ें मज़बूत रखने की प्रवृत्ति को दर्शाता है।

निष्कर्ष

नारायणी माता सैन समाज की **'सांस्कृतिक अस्मिता'** का सबसे बड़ा केंद्र हैं। वे केवल एक देवी नहीं, बल्कि सामूहिक स्मृति, अनुशासन और गौरव का प्रतीक हैं। उनका यह अध्याय स्पष्ट करता है कि कैसे एक समुदाय अपनी धार्मिक जड़ों के माध्यम से न केवल अपनी एकता को सुरक्षित रखता है, बल्कि भविष्य के लिए एक नैतिक और सामाजिक दिशा भी प्राप्त करता है।

अध्याय–20 : समकालीन भारत में सैन समाज –शिक्षा, सेवा और सार्वजनिक जीवन में उभरती उपस्थिति

स्वतंत्र भारत का सामाजिक इतिहास केवल सत्ता-परिवर्तन या संवैधानिक घोषणाओं का इतिहास नहीं है; वह उन समुदायों की आंतरिक यात्राओं का भी इतिहास है, जिन्होंने परंपरा के भीतर रहते हुए आधुनिकता के द्वार खोले। सैन समाज की समकालीन स्थिति को इसी दीर्घ ऐतिहासिक प्रवाह में समझा जाना चाहिए। यह वह समाज है, जिसकी पहचान सदियों तक सेवा, गोपनीयता, विश्वास और सामाजिक सेतु की भूमिकाओं से निर्मित रही, और जिसने आधुनिक भारत में धीरे-धीरे अपने लिए नए बौद्धिक, प्रशासनिक और सार्वजनिक क्षेत्र गढ़े।

1. शिक्षा: 'कलम' के प्रति बढ़ता अनुराग

शिक्षा वह मुख्य इंजन है जिसने समाज के 'पुनर्निर्माण' की गति को तेज किया है।

- **प्रथम पीढ़ी के स्नातक (First-generation Graduates):** ग्रामीण क्षेत्रों के सैन परिवारों में अब उच्च शिक्षा के प्रति भारी जागरूकता आई है। तकनीकी शिक्षा (B.Tech, MBBS) और प्रबंधन (MBA) में युवाओं की भागीदारी बढ़ी है।
- **सामुदायिक प्रयास:** दिल्ली, जयपुर, पटना और इंदौर जैसे शहरों में सैन समाज के '**निशुल्क छात्रावास**' और '**लाइब्रेरी**' मॉडल ने गरीब छात्रों को यूपीएससी

(UPSC) और राज्य लोक सेवा आयोगों की तैयारी के लिए संबल प्रदान किया है।

- **विदुषी महिलाएं:** समाज की बेटियों ने शिक्षा के क्षेत्र में विशेष प्रगति की है, जो 'शिक्षण' और 'अनुसंधान' (Research) के क्षेत्रों में अग्रणी भूमिका निभा रही हैं।

2. लोक सेवा और प्रशासन: सत्ता के गलियारों में मौजूदगी

एक समय था जब इस समाज की भूमिका केवल 'परामर्शदाता' की थी, लेकिन आज वे स्वयं 'निर्णयकर्ता' (Decision Makers) की भूमिका में हैं।

- **IAS, IPS और न्यायिक सेवा:** पिछले दो दशकों में सैन समाज से बड़ी संख्या में प्रशासनिक अधिकारी और न्यायाधीश निकले हैं। यह उपस्थिति समाज के लिए 'प्रतीकात्मक शक्ति' (Symbolic Power) से कहीं बढ़कर 'प्रशासनिक सुरक्षा' का बोध कराती है।
- **सुरक्षा बल:** सेना और अर्धसैनिक बलों में सैन समाज के युवाओं का प्रतिनिधित्व हमेशा से उच्च रहा है, जो उनकी वीरता और राष्ट्रभक्ति की विरासत को आगे बढ़ाता है।

3. सेवा और उद्यमिता: पारंपरिक कौशल का आधुनिकीकरण

सैन समाज ने अपने पारंपरिक पेशे को 'पिछड़ेपन' की निशानी नहीं, बल्कि एक **'वैश्विक अवसर'** के रूप में देखा है।

- **ब्यूटी और वेलनेस इंडस्ट्री:** आज भारत की खरबों रुपये की सौंदर्य अर्थव्यवस्था (Beauty Economy) की रीढ़ सैन समाज के हुनरमंद हाथ हैं।
- **उद्यमी पहचान:** छोटे सैलून अब 'लक्ज़री स्पॉ' और 'स्टाइलिंग स्टूडियो' में बदल गए हैं। समाज के युवा अब केवल 'नाई' नहीं, बल्कि 'कोस्मेटोलॉजिस्ट' और 'ग्रूमिंग एक्सपर्ट्स' के रूप में सम्मान पा रहे हैं।

4. सार्वजनिक जीवन और राजनीतिक चेतना

स्वतंत्रता के बाद के भारत में सैन समाज की राजनीतिक यात्रा 'मूक भागीदारी' से 'मुखर नेतृत्व' तक पहुँची है।

- **पंचायती राज का प्रभाव:** 73वें और 74वें संविधान संशोधन के बाद, ग्रामीण भारत में सैन समाज के सरपंचों और पार्षदों की संख्या में भारी वृद्धि हुई है। इसने जमीनी स्तर पर नेतृत्व की क्षमता विकसित की है।
- **अति-पिछड़ा वर्ग (EBC) की धुरी:** उत्तर भारत की राजनीति में सैन समाज अब एक महत्वपूर्ण 'वोट बैंक' और 'वैचारिक शक्ति' है। कर्पूरी ठाकुर की विरासत को आगे बढ़ाते हुए समाज अब अपनी संख्या बल के आधार पर टिकटों और प्रतिनिधित्व की मांग कर रहा है।

5. विशेष विश्लेषण

क्षेत्र	**पूर्व स्थिति (Past)**	**वर्तमान स्थिति (Contemporary)**
भूमिका	जजमानी प्रथा के तहत सेवा	स्वतंत्र उद्यमिता और पेशेवर सेवा
पहचान	केवल जातिगत पहचान	पेशेवर और राष्ट्रीय पहचान
राजनीति	अन्य दलों के अनुयायी	स्वयं का नेतृत्व और रणनीतिक भागीदारी
शिक्षा	साक्षरता तक सीमित	तकनीकी और प्रशासनिक विशेषज्ञता

निष्कर्ष: 'भारत बोध' और नया सैन समाज

"समकालीन भारत में सैन समाज **'आत्म-हीनता'** के बोध को त्यागकर **'आत्म-गौरव'** के साथ राष्ट्र निर्माण में संलग्न है। वे आज के भारत के 'साइलेंट अचीवर्स' हैं, जो अपनी मेहनत और योग्यता से सामाजिक सोपान (Social Ladder) पर तेजी से ऊपर चढ़ रहे हैं।"

अध्याय–21 : उपसंहार – यह पुस्तक क्या है?

यह पुस्तक किसी एक विशिष्ट कालखंड का विवरण मात्र नहीं है, न ही इसका प्रयोजन ऐतिहासिक विवादों पर कोई अंतिम निर्णय थोपना है। यह साक्ष्यों की किसी प्रतिस्पर्धा का परिणाम नहीं, बल्कि उस **'सामूहिक स्मृति'** का विस्तार है, जो सदियों से सैन समाज की धमनियों में लोककथाओं, संस्कारों और एक मौन स्वाभिमान के रूप में प्रवाहित होती रही है।

1. पेशे से परे: एक सभ्यतागत दृष्टि

इस ग्रंथ का मूल उद्देश्य सैन समाज को उस व्यापक ऐतिहासिक फलक पर पुनः स्थापित करना है, जहाँ उसकी पहचान केवल 'सेवा' तक सीमित नहीं रही। यहाँ 'नाई' के स्वरूप को उस्तरे और कंघी के भौतिक दायरे से बाहर निकालकर **न्याय, चिकित्सा, गोपनीयता, संवाद और सामाजिक संतुलन** के वाहक के रूप में व्याख्यायित किया गया है। यह वही दृष्टि है, जो समाज को संकीर्ण आत्महीनता के बोध से मुक्त कर **'आत्मगौरव'** की ठोस भूमि पर खड़ा करती है।

2. स्मृति, गौरव और बोध

यह पुस्तक अतीत के अंध-महिमामंडन का साधन नहीं, बल्कि उसे समझने का एक गंभीर प्रयास है। इसमें स्मरण है, किंतु अंधश्रद्धा नहीं; इसमें गौरव का अनुभव है, परंतु दंभ का लेश मात्र भी नहीं। यहाँ इतिहास को इस रूप में ढाला गया है कि वह

आने वाली पीढ़ियों के लिए सूचनाओं का बोझ न बने, बल्कि उन्हें यह बोध कराए कि वे उस परंपरा के उत्तराधिकारी हैं जिसने:

- समाज को खंडित होने से बचाया।
- सत्ता को मानवीय संवेदनशीलता प्रदान की।
- 'उपचार और शुद्धि' को शक्ति का आधार बनाया।

3. इतिहास: एक निरंतर संवाद

यह ग्रंथ किसी अंतिम सत्य का दावा नहीं करता। इतिहास एक **सतत संवाद** है, जो नए प्रश्नों, नवीन खोजों और बदलती व्याख्याओं के साथ निरंतर आगे बढ़ता रहता है। यह पुस्तक उसी वृहद् संवाद का एक सोपान (सीढ़ी) है, जहाँ सैन समाज अपने अतीत से आँख मिलाकर वर्तमान में खड़ा हो सके और भविष्य की ओर एक आश्वस्त दृष्टि डाल सके।

4. आने वाली पीढ़ी के लिए धरोहर

इस पुस्तक की सार्थकता इसी में है कि जब आने वाली पीढ़ी इसके पन्ने पलटे, तो उसे अपने नाम और पहचान के साथ किसी संकोच का नहीं, बल्कि **शांति और गरिमा** का अनुभव हो। उसे यह समझ आए कि इतिहास केवल चमकते हुए सिंहासनों और रक्तरंजित युद्धों का ही नहीं होता, बल्कि उन मौन समाजों का भी होता है जिन्होंने अदृश्य रहकर भी सभ्यता के अस्तित्व को थामे रखा।

सैन समाज गान

(Sain Samaj Anthem)

स्थायी (कोरस)

जय जय सैन समाज महान,
न्याय, शौर्य, सेवा की पहचान।
चंद्रवंश से चला प्रकाश,
भारत–भूमि का उज्ज्वल प्राण॥

जय जय सैन समाज महान,
इतिहास स्वयं है इसका गान।

चंद्रवंशी उद्गम

चंद्रवंश की धवल धारा,
धर्म–मर्यादा जिसका सहारा।
शस्त्र और शुद्धि संग चले,
सभ्यता का बीज उगाया सारा॥

न्यायी कहलाया जो जन–जन में,
कालांतर वह नाई बन पाया।
राजा बदले, युग भी बदले,
पर व्यवस्था का दीप जलाया॥

कोरस

जय जय सैन समाज महान...

नंद–मौर्य युग का शौर्य

महापद्मनंद उठा जब,
सिंहासन को हिला गया।
जनबल, साहस, नीति–बल से,
इतिहास नया लिख दिया॥

घनानंद की वीर प्रतिज्ञा,
राजा से टकराने का साहस।
जन–स्वाभिमान का वह उद्घोष,
जिससे काँपा राज–विन्यास॥

कोरस
जय जय सैन समाज महान...

मौर्य साम्राज्य और अशोक

मौर्य–ध्वज जब नभ छूने लगे,
सेवा ने शासन रूप लिया।
अशोक खड़ा रण–भूमि में,
पर धर्म ने शस्त्र बदल दिया॥

कलिंग की राख से उठी करुणा,
शांति बनी साम्राज्य की रीति।
शस्त्र से शासन, धर्म से राज्य,
यह सैन परंपरा की नीति॥

कोरस
जय जय सैन समाज महान...

सेवा, शुद्धि और व्यवस्था

शरीर की शुद्धि, मन का संतुलन,
संस्कारों का प्रहरी समाज।
जन्म से मृत्यु तक साथ चले,
सभ्यता का अविरल काज॥

राजदरबार में गोपनीयता,
गाँव–पंचायत का न्याय–सेतु।
न दिखा वैभव, न माँगा श्रेय,
पर व्यवस्था रही सदा हेतु॥

कोरस
जय जय सैन समाज महान...

संत–परंपरा और भक्ति

संत शिरोमणि भगत सैन,
सेवा में ईश्वर पाया।
भक्ति, श्रम और समर्पण से,
मानव–धर्म सिखाया॥

जाति नहीं, कर्म की पूजा,
यह उद्‌घोष जग में गाया।
राजा–रंक सब एक हुए,
जब संत ने द्वार दिखाया॥

कोरस

जय जय सैन समाज महान...

आधुनिक चेतना

शिक्षा, सेवा, राष्ट्र–निर्माण,
नया युग, नई पहचान।
सैन समाज आज भी खड़ा,
इतिहास का जीवंत गान॥

संघर्ष से सम्मान तक,
आत्मबोध की यह यात्रा।
अतीत से शक्ति लेकर हम,
रचते हैं भविष्य–मात्रा॥

अंतिम स्थायी

जय जय सैन समाज महान,
भारत–भूमि का स्वाभिमान।
सेवा, शौर्य, संतुलन में,
सैन समाज अमर, महान॥

जय जय सैन समाज महान,
इतिहास स्वयं है इसका गान।

परिशिष्ट–A : सैन / सेन समाज के प्रतिष्ठित एवं उल्लेखनीय व्यक्तित्व

(नाम, क्षेत्र एवं योगदान सहित — एक अभिलेखीय एवं संदर्भात्मक संकलन)

संपादकीय स्पष्टीकरण / Editorial Note (Disclaimer)

यह परिशिष्ट किसी भी प्रकार की प्रतिस्पर्धात्मक "श्रेष्ठता–सूची", जातिगत दावे, वंशगत प्रमाण अथवा ऐतिहासिक–वैधानिक अंतिमता का दावा नहीं करता। इसका उद्देश्य केवल उन व्यक्तित्वों के नामों को सम्मानपूर्वक अभिलिखित करना है, जिनका उल्लेख सामाजिक स्मृति, सार्वजनिक जीवन, प्रशासन, राजनीति, साहित्य, कला, शिक्षा, चिकित्सा, मीडिया अथवा अन्य समकालीन एवं खुले सार्वजनिक स्रोतों (Open Sources) में मिलता है।

यह संकलन विभिन्न सार्वजनिक वेबसाइटों, समाचार–माध्यमों, सोशल मीडिया मंचों, सामुदायिक अभिलेखों तथा लोक–स्मृति पर आधारित संदर्भों से तैयार किया गया है। अतः संपादक अथवा प्रकाशक इन नामों की पूर्ण ऐतिहासिक, वंशानुगत, सामाजिक या विधिक प्रमाणिकता का दावा नहीं करता।

यह सूची **प्रतिनिधिक है, न कि अंतिम**। इसका उद्देश्य सैन / नाई / सविता समाज की बहुआयामी सांस्कृतिक, बौद्धिक, सामाजिक और समकालीन उपस्थिति को रेखांकित करना है—

न कि किसी प्रकार का निष्कर्षात्मक अथवा आधिकारिक निर्णय प्रस्तुत करना।

भविष्य में उपलब्ध होने वाले शोध–आधारित स्रोतों, अभिलेखीय प्रमाणों अथवा समुदाय द्वारा प्रस्तुत पुष्ट सूचनाओं के आधार पर इस परिशिष्ट का संशोधन, विस्तार या परिष्कार संभव है।

राष्ट्रीय एवं प्रांतीय परिप्रेक्ष्य : सार्वजनिक जीवन में सैन समाज

आधुनिक भारत में सैन समाज की उपस्थिति पारंपरिक पेशागत सीमाओं से आगे बढ़कर राजनीति, शासन, न्याय, प्रशासन, मीडिया, शिक्षा, कला, उद्योग और आध्यात्मिक जीवन तक विस्तृत होती दिखाई देती है। विभिन्न ऐतिहासिक, क्षेत्रीय और समकालीन संदर्भों में ऐसे अनेक व्यक्तित्वों का उल्लेख मिलता है, जिन्होंने राज्य एवं राष्ट्रीय स्तर पर महत्त्वपूर्ण भूमिकाएँ निभाईं।

1 प्राचीन भारत: राजवंश, सत्ता एवं ऐतिहासिक परंपरा नंद वंश (424–321 ई.पू.)

- **महापद्मनंद** — नंद साम्राज्य के संस्थापक; मगध के शक्तिशाली शासक
- **धनानंद (अग्रम्मेस)** — अंतिम नंद शासक; चंद्रगुप्त मौर्य द्वारा पराजित
- **नव–नंद (नौ नंद)** — पाण्डुकनंद, गोविषाणकनंद, राष्ट्रपालनंद, भूतपालनंद आदि

(संदर्भ : सामाजिक–ऐतिहासिक परंपरा एवं लोक–स्मृति)

मौर्य वंश (324–184 ई.पू.)

- **चंद्रगुप्त मौर्य** — भारत के प्रथम साम्राज्य निर्माता
- **बिंदुसार (अमित्रघात)**
- **सम्राट अशोक** — धम्म, अहिंसा एवं बौद्ध परंपरा के महान प्रवर्तक
- **दशरथ, सम्प्रति, शालिशूक, देववर्मन, शतधन्वन, बृहद्रथ**
  (इन संबद्धताओं का आधार परंपरागत एवं सामाजिक स्मृति है)

2. मध्यकालीन एवं क्षेत्रीय शासक

- **बिज्जल द्वितीय (कलचुरी वंश):** उत्तर कर्नाटक के शासक, जो महात्मा बसवन्ना के समकालीन थे।
- **राजा सिंगम:** तमिल क्षेत्रीय परंपराओं में उल्लिखित प्रतिष्ठित शासक।

3. राजनीति एवं सार्वजनिक जीवन (आधुनिक भारत)

राष्ट्रीय एवं केंद्र स्तर

- **लाल बहादुर शास्त्री:** भारत के द्वितीय प्रधानमंत्री (सामाजिक-ऐतिहासिक संदर्भों में उल्लेख)।
- **गुलज़ारीलाल नंदा:** भारत के दो बार कार्यवाहक प्रधानमंत्री।

- **जननायक कर्पूरी ठाकुर:** बिहार के पूर्व मुख्यमंत्री; 'भारत रत्न' (2024) से सम्मानित, सामाजिक न्याय के पुरोधा।
- **वीरप्पा मोइली:** कर्नाटक के पूर्व मुख्यमंत्री एवं पूर्व केंद्रीय मंत्री।
- **एम. करुणानिधि:** तमिलनाडु के पूर्व मुख्यमंत्री एवं द्रविड़ राजनीति के कद्दावर नेता।
- **रामेश्वर ठाकुर:** ओड़िशा, आंध्र प्रदेश एवं कर्नाटक के पूर्व राज्यपाल।
- **एम. के. स्टालिन:** वर्तमान मुख्यमंत्री, तमिलनाडु।
- **मुरासोली मारन एवं दयानिधि मारन:** पूर्व केंद्रीय मंत्री।

राज्य स्तरीय एवं संगठनात्मक नेतृत्व

- **नंदकिशोर वर्मा:** पूर्व अध्यक्ष, मध्य प्रदेश केश शिल्पी बोर्ड (कैबिनेट मंत्री रैंक); भारतीय सेन समाज के पूर्व राष्ट्रीय अध्यक्ष।
- **सुरेश कश्यप:** सांसद (हिमाचल प्रदेश) एवं पूर्व प्रदेश अध्यक्ष, भाजपा।
- **मदन सहनी:** कैबिनेट मंत्री, बिहार सरकार।
- **भिखुभाई दलसानिया:** संगठन मंत्री, भाजपा (बिहार/गुजरात), कुशल रणनीतिकार।
- **डॉ. पवन सैन:** वरिष्ठ संगठन मंत्री, भाजपा (विभिन्न राज्यों के प्रभारी)।
- **रिकेश सेन:** विधायक (छत्तीसगढ़), भाजपा; समाज के युवा एवं मुखर नेता।
- **कन्हैया लाल सैन:** पूर्व विधायक, राजस्थान।

- **राम सहाय सैन:** पूर्व विधायक, उत्तर प्रदेश।
- **रणसिंह मान:** हरियाणा की राजनीति में समाज की आवाज़ बुलंद करने वाले प्रमुख नेता।

4. न्याय, प्रशासन एवं नागरिक सेवाएँ (Civil Services)

- **न्यायमूर्ति बी.एस. चौहान:** सर्वोच्च न्यायालय के पूर्व न्यायाधीश एवं 21वें विधि आयोग के अध्यक्ष।
- **सुकुमार सेन:** स्वतंत्र भारत के प्रथम मुख्य चुनाव आयुक्त (Chief Election Commissioner)।
- **मनोज कुमार सिंह (IAS, 1988):** वर्तमान मुख्य सचिव, उत्तर प्रदेश (UP का सर्वोच्च प्रशासनिक पद)।
- **पवन कुमार सैन (IAS, 2005):** मुख्य निर्वाचन अधिकारी (CEO), अरुणाचल प्रदेश; पूर्व सलाहकार, नीति आयोग।
- **सत्येंद्र कुमार (IPS, 2007):** निदेशक, नीति आयोग (भारत सरकार)।
- **सविता सोहाने (IPS):** वरिष्ठ पुलिस अधिकारी (DIG), मध्य प्रदेश कैडर।
- **डॉ. अनिल सैन (IAS):** पूर्व जिला मजिस्ट्रेट, छत्तीसगढ़।
- **न्यायमूर्ति रामेश्वर सिंह:** पूर्व न्यायाधीश, राजस्थान उच्च न्यायालय।
- **श्यामल कुमार सेन:** पूर्व राज्यपाल (पश्चिम बंगाल) एवं न्यायमूर्ति।

5. शिक्षा, विज्ञान एवं चिकित्सा

- **अशोक सेन:** विश्व प्रसिद्ध सैद्धांतिक भौतिक विज्ञानी; 'फंडामेंटल फिजिक्स प्राइज' विजेता (स्ट्रिंग थ्योरी हेतु)।
- **अमर्त्य सेन:** विश्वविख्यात अर्थशास्त्री; नोबेल पुरस्कार एवं भारत रत्न विजेता।
- **डॉ. बिनायक सेन:** प्रसिद्ध बाल रोग विशेषज्ञ एवं अंतरराष्ट्रीय मानवाधिकार पुरस्कार विजेता।
- **डॉ. सत्येंद्र सिंह:** प्रोफेसर (UCMS, दिल्ली) एवं दिव्यांग अधिकारों के अंतरराष्ट्रीय कार्यकर्ता।
- **डॉ. जी. एथिराजुलु:** आंध्र प्रदेश के प्रथम ऑर्थोपेडिक सर्जन।
- **डॉ. कृष्णा सामंत:** 'डॉ. बत्रा इंस्टीट्यूट हेल्थ अवार्ड 2025' विजेता।

6. कला, सिनेमा एवं संस्कृति

हिंदी एवं क्षेत्रीय सिनेमा

- **ओम पुरी:** पद्म श्री सम्मानित दिग्गज अभिनेता।
- **मनोज कुमार:** प्रसिद्ध अभिनेता एवं निर्देशक; 'दादा साहब फाल्के' पुरस्कार विजेता।
- **सुचित्रा सेन एवं मृणाल सेन:** बंगाली एवं हिंदी सिनेमा के शिखर व्यक्तित्व।
- **सुष्मिता सेन:** मिस यूनिवर्स एवं अभिनेत्री।
- **मनोज नाइट श्यामलन:** विश्व प्रसिद्ध हॉलीवुड फिल्म निर्देशक।

संगीत एवं लोक कला

- **उस्ताद बिस्मिल्लाह खान:** भारत रत्न सम्मानित शहनाई वादक (परंपरागत संगीत जुड़ाव)।
- **बाजे भगत:** हरियाणा के 'सांग सम्राट'; लोक संस्कृति के कालजयी कलाकार।
- **महाशय पालेराम दहिया:** प्रसिद्ध हरियाणवी लोक गायक।
- **उस्ताद अली अकबर खान:** विश्व प्रसिद्ध सरोद वादक (सेन घराना परंपरा)।

7. आध्यात्म, भक्ति एवं समाज सेवा

- **भगत सैन (संत सैन):** 14वीं शताब्दी के महान संत-कवि, जिनकी वाणी 'गुरु ग्रंथ साहिब' में संकलित है।
- **भाई साहिब सिंह:** सिख पंथ के 'पंच प्यारे' में से एक।
- **अचलानंद जी महाराज:** शंकराचार्य परंपरा के विद्वान एवं सैन भक्तिपीठ के संस्थापक।
- **हडपदा अप्पन्ना:** 12वीं सदी के महान वचनकार और समाज सुधारक (कर्नाटक)।
- **रमेश बाबू (बेंगलुरु):** "अरबपति नाई" के रूप में प्रसिद्ध; उद्योग एवं सेवा के अनूठे उदाहरण।
- **जावेद हबीब:** अंतरराष्ट्रीय स्तर के हेयर स्टाइलिस्ट एवं व्यवसायी।
- **कलानिधि मारन:** संस्थापक, सन नेटवर्क (मीडिया उद्योग)।

समापन टिप्पणी

यह परिशिष्ट
केवल नामों की सूची नहीं—
सामूहिक स्मृति का अभिलेख है।

जब कोई पाठक इसमें
अपने गाँव, अपने क्षेत्र या अपने परिवार का नाम देखेगा,
तो यह पुस्तक
उसके लिए इतिहास नहीं,
आत्म-गौरव बन जाएगी।

परिशिष्ट–B : सैन समाज के प्रमुख गोत्र

(मौखिक परंपरा, क्षेत्रीय प्रयोग एवं ऐतिहासिक स्मृति पर आधारित — वर्णक्रमानुसार प्रस्तुति)

विवेकपूर्ण टिप्पणी:

यह सूची सैन/नाई/सविता समाज में प्रचलित गोत्रों के मौखिक, सामाजिक एवं क्षेत्रीय प्रयोगों पर आधारित है। कुछ गोत्रों की वर्तनी अथवा उच्चारण में क्षेत्रीय भिन्नताएँ पाई जाती हैं। इसका उद्देश्य सामाजिक–सांस्कृतिक अभिलेखन है, न कि वंश–निर्धारण।

अ–औ वर्ग

अजमेरा	अजमेरिया	अजाडीवाल
अनछेरवाल	आमेरिया	आमेरी
आवल्या	आशापुरी चौहान	आसीयांन
आसीर्यान	आसोदिया	इंकुवार
इंदोरिया	इसर्गोला	ईनणीया
उखनानियाँ	उदातिन	उसरेते
ओजणा निर्वाण	ओझरया निर्वाण	ओमरे

क वर्ग

कचरा	कच्छप	कछवाया
कटकरीया	कतन्या चौहान	कथूरिया
कन्नाजिया	कमलभाटी	करकडिया
करोरीवाल	कलोया	कश्यप
कांकरवाल	काकरान	काकेरवाल
कामेवार	कारोलिया	कालीधाड़

ख–ग वर्ग

खंडवाल	खटोर	खण्डेलवाल
खारवाल	खासपुरिया	खिंची
खिरिया	खुडानिया (भणभेरू)	खुवाल
खेडिया	गंगवाल	गणगोरियां
गहलोत	गिल	गुजराती
गोगाणी चौहान	गोठडिया	गोयल

घ–च वर्ग

घरोंडीया	घोड़ीयाल	चांगल
चायल	चावंडिया चौहान	चितोरिया
चित्तौडिया	चौहान	छापरवाल
छिछोलिया	छोंकर	छोछलेण

ज वर्ग

जगाभाटी	जटराणा	जयकिया
जरीवाल	जलवानिया	जसांरिया
जसाईवाल	जाखड़	जाखोरीया
जाजायां	जाटू	जादम
जामडीवाल	जायसवाल	जैसाभाटी
जेवरिया	जोलानिया	झांझीरिया

ट–ठ–ड वर्ग

टांक	टोकसिया	टोकसिया (परिहार)
ठणवाल	डबास	डीडवानियां
डुकवाल	डूंखवाल	डेरावरिया
डोलिया	ढावरिया	ढेणवाल
ढोर	ढोरु	तंवर

त–थ–द वर्ग

तमोली	तामबोली	तिमोली
तिराडिया	तोमर	थैमानिया
ददेरिया	दरावरिया	दायमा
दीवाना	दुलकोटिया	दुहान
देया	दोसिरसिया	धंवर

तमोली	तामबोली	तिमोली
धनिया	धवरिया	धारिवाल

न वर्ग

नखलीया	नगरियान	नरुका
नागरिया	नागल	नागलिया
नारनोलिया	नारोलिया	नालावत
निमराना	निम्बोरिया	निर्वाण
नीबोरिया	नैनारस्या	नोहवार

प–फ वर्ग

पंवार	पचेरीया	पचेवरिया
पछवारिया	परमार	पहाड़ीवाल
पाटोदिया	पिचोनिया	फुलडालिया
फुलभाटी	फुलमाली	बघेरवाल

ब–भ वर्ग

बडगुजर	बरोणिया	बांगडदीया
बागरी	बाछल	बाजवान
बालोदिया	बावलिया	बिलखीवाल

बडगुजर	बरोणिया	बांगडदीया
बीजासणी	बुगानिया	भणभैरू
भरतवाल	भाटिया	भाटी
भारद्वाज	भूराभाटी	भोलानिया

म वर्ग

मंगरोलिया	मंडोरिया	मकवाना
मडोरिया	मथुरिया	महाजन
माण्डका	माली	मालोनिया
मावतवाल	मिलोनिया	मुणीया
मृदवाल	मेगारिया	मोरवाल
मोहिल	मौयला	म्हार खुर्द

र–ल वर्ग

राजवंशी	राजोरिया	राठौड़
रानीवाल	रामसहेल	रेवाड़ीया
रॉय	लाकड़ा	लाम्भा
लिलडिया	लीलरिया	लूनीवाल

व–ह वर्ग

वरेनिया	शकवाया	शिकरवार
श्यामडीवाल	श्रीनागरा	सरोहा

वरेनिया	शकवाया	शिकरवार
सलोधीया	सांखला	सांभरिया
सावरिया	सिकरवार	सिरोदिया
सिसोदिया	सुनारी	सोलंकी
हथलिया पंवार	हर्षवाल	हुरमपुरिया

आभार (Acknowledgements)

सामूहिक स्मृति और साझा सहयोग के प्रति कृतज्ञता

कोई भी सामाजिक–ऐतिहासिक ग्रंथ किसी एक व्यक्ति की बौद्धिक संपत्ति मात्र नहीं होता। वह अनेक लोगों की स्मृतियों, अनुभवों, संवादों और मौन सहयोगों का संयुक्त परिणाम होता है। यह पुस्तक भी इसी सामूहिक प्रक्रिया की देन है। इसलिए इसका आभार–लेख केवल औपचारिक धन्यवाद नहीं, बल्कि उस व्यापक सामाजिक सहभागिता की स्वीकृति है, जिसके बिना यह कार्य संभव नहीं हो पाता।

लेखक सर्वप्रथम उन अनाम पूर्वजों के प्रति कृतज्ञता व्यक्त करता है, जिनकी जीवन–शैली, पेशागत निष्ठा और सामाजिक भूमिका ने नाई / सैन समाज की ऐतिहासिक पहचान को गढ़ा। यद्यपि उनके नाम इतिहास के पन्नों में दर्ज नहीं हैं, किंतु उनकी उपस्थिति लोक–स्मृति, सामाजिक परंपरा और सामूहिक चेतना में आज भी जीवित है। यह ग्रंथ उन्हीं मौन इतिहास–निर्माताओं को समर्पित भाव–श्रद्धांजलि भी है।

इस पुस्तक के निर्माण में जिन सामाजिक बुजुर्गों, समुदाय–चिन्तकों, शिक्षकों और जागरूक व्यक्तियों ने अपने अनुभव, मौखिक कथाएँ, वंश–स्मृतियाँ और स्थानीय इतिहास साझा किए, लेखक उनके प्रति विशेष आभार प्रकट करता है। अनेक अध्यायों में जो सामाजिक सूक्ष्मताएँ, क्षेत्रीय विविधताएँ और आंतरिक संरचनाएँ उभरकर आई हैं, वे इन्हीं संवादों का परिणाम हैं।

लेखक उन शोधार्थियों, इतिहास–प्रेमियों और पाठकों का भी आभारी है, जिन्होंने समय–समय पर आलोचनात्मक प्रश्न उठाए। इन प्रश्नों ने न केवल सामग्री की गहनता बढ़ाई, बल्कि यह भी सुनिश्चित किया कि ग्रंथ भावनात्मक आग्रह के बजाय ऐतिहासिक विवेक पर आधारित रहे।

इस ग्रंथ के लेखन के दौरान जिन पुस्तकालयों, अभिलेखीय स्रोतों, संदर्भ–ग्रंथों और प्रकाशित शोध–सामग्री का उपयोग किया गया, वे सभी इस कार्य की बौद्धिक पृष्ठभूमि बने। लेखक उन सभी विद्वानों और इतिहासकारों का भी ऋणी है, जिनके पूर्ववर्ती कार्यों ने इस अध्ययन को दिशा प्रदान की।

परिवार के सदस्यों का सहयोग भी इस यात्रा का अविभाज्य हिस्सा रहा। लेखन की एकाकी प्रक्रिया में उनका धैर्य, समझ और नैतिक समर्थन निरंतर साथ रहा — इसके लिए लेखक उनका हृदय से आभार व्यक्त करता है।

अंततः, यह पुस्तक स्वयं नाई / सैन समाज के प्रति कृतज्ञता की अभिव्यक्ति है — उस समाज के प्रति, जिसने सेवा को गरिमा, कौशल को संस्कार और पहचान को उत्तरदायित्व में रूपांतरित किया। यदि यह ग्रंथ समाज की सामूहिक स्मृति को थोड़ा और स्पष्ट, थोड़ा और सुदृढ़ कर सका है, तो लेखक अपने प्रयास को सार्थक मानता है।

लेखक परिचय

आनन्द कुमार आशोधिया

(कवि, साहित्यिक विश्लेषक, अनुवादक एवं राष्ट्रीय चेतना के संवाहक)

आनन्द कुमार आशोधिया—जिन्हें साहित्यिक जगत में 'आनन्द शाहपुर' के नाम से जाना जाता है—अनुशासित सेवा, भाषाई निपुणता और गहरी सांस्कृतिक जड़ों के एक विशिष्ट संगम का प्रतिनिधित्व करते हैं। उनकी लेखनी में भारतीय इतिहास की सूक्ष्म समझ, छंदों का शास्त्रीय अनुशासन और लोक-संस्कृति की जीवंत परंपरा एक साथ प्रवाहित होती है। उनका साहित्य न केवल काव्यात्मक अभिव्यक्ति है, बल्कि सांस्कृतिक स्मृति और राष्ट्रीय चेतना का सजग दस्तावेज भी है।

सैनिक सेवा और साहित्यिक आधार

भारतीय वायु सेना के पूर्व वारंट ऑफिसर के रूप में उन्होंने 32 वर्षों तक राष्ट्र की सेवा की। इस दीर्घ सेवा-काल में राजभाषा हिन्दी के प्रचार-प्रसार हेतु उनके अनुकरणीय योगदान के लिए उन्हें लगातार आठ वर्षों तक 'राजभाषा प्रोत्साहन सम्मान' से सम्मानित किया गया। सैनिक अनुशासन और साहित्यिक

साधना का यह समन्वय उनकी वैचारिक स्पष्टता और रचनात्मक दृढ़ता का आधार बना।

अन्नामलाई विश्वविद्यालय से अंग्रेजी साहित्य में स्नातकोत्तर (M.A.) उपाधि प्राप्त आनन्द जी हिन्दी, हरियाणवी और अंग्रेजी के बीच एक सशक्त भाषाई सेतु के रूप में कार्य करते हैं। अनुवाद, रूपांतरण और पुनर्सृजन के माध्यम से वे भारतीय साहित्य को व्यापक पाठक-समुदाय से जोड़ने का सतत प्रयास करते रहे हैं।

सांस्कृतिक जड़ें और लोक-संवेदना

हरियाणा के सोनीपत जनपद स्थित अपने पैतृक गाँव 'शाहपुर तुर्क' से उनका गहरा सांस्कृतिक जुड़ाव है। उनका साहित्यिक नाम 'आनन्द शाहपुर' उसी लोक-विरासत के प्रति कृतज्ञता और स्मृति का प्रतीक है। उनकी रचनाओं में गाँव, लोक, स्मृति और सामूहिक चेतना केवल विषय नहीं, बल्कि जीवित अनुभव के रूप में उपस्थित रहती है।

बहुमुखी रचनात्मक संसार

1 अप्रैल को जन्मे और वर्तमान में मुंबई में निवासरत आनन्द जी की साहित्यिक साधना बहुआयामी है। 380 से अधिक रचनाओं के माध्यम से उन्होंने दोहा, छंद, गीत, ग़ज़ल और लघुकथा जैसी विधाओं को समृद्ध किया है। विशेषतः छंदशास्त्र (पिंगल) और लोक-काव्य—विशेषकर हरियाणवी रागनी—पर उनकी गहरी पकड़ उन्हें समकालीन रचनाकारों में एक विशिष्ट स्थान प्रदान करती है।

प्रमुख साहित्यिक कृतियाँ (चयनित)

महाकाव्य एवं पुनर्पाठ : *अथ मार्जरिका उवाच* (भारतीय इतिहास का प्रतीकात्मक महाकाव्य), ***द्रौपदी*** *: एक लोक चेतना*
लोक-काव्य : *अधराजण* (लोक महाकाव्य), ***अविकावनी*** (हरियाणवी रागनी संग्रह)

आधुनिक काव्य : *थारा मुद्दा थारी बात,* ***प्रेम के सौ रंग***
शास्त्रीय समीक्षा : *किस्सा भगत पूरणमल* एवं ***हीर राँझा*** (पिंगल समीक्षा सहित)
अनुवाद एवं ट्रांसक्रिएशन : *Saket: An English Trans-creation,* ***Niswarthi Udyoga Parva****, Antaryātrā – The Inner Journey,* ***Kahaan Kahaan Paiband Lagau***
ऐतिहासिक शोध ग्रंथ : *सैन समाज का गौरवशाली इतिहास*

सम्मान एवं पुरस्कार

साहित्य और संस्कृति के प्रति उनके सतत योगदान के लिए उन्हें *हरियाणा संस्कृति गौरव रत्न अवॉर्ड, कारगिल गौरव विजय सम्मान* तथा *हरियाणवी साहित्य रत्न (2025)* जैसे प्रतिष्ठित सम्मानों से अलंकृत किया गया है।

आनन्द कुमार आशोधिया का रचनात्मक उद्देश्य भारतीय लोक, शास्त्रीय और ऐतिहासिक चेतना को समकालीन संदर्भों में पुनर्पाठित करना है। प्रस्तुत कृति *'सैन समाज का गौरवशाली इतिहास'* उसी दीर्घ साहित्यिक और सांस्कृतिक संकल्प की परिणति है, जिसमें लोक-स्मृति, ऐतिहासिक विवेक और राष्ट्रीय चेतना एक साथ प्रवाहित होती है।